HISTOIRE ET DESCRIPTION

DE LA

TOUR DE CREST

EN DAUPHINÉ

PAR

E. ARNAUD

DIRECTEUR DE LA RESTAURATION HISTORIQUE DU MONUMENT
OFFICIER D'ACADÉMIE

PARIS

GRASSART, LIBRAIRE-ÉDITEUR

2, RUE DE LA PAIX, 2

—

MDCCCLXXXVI

HISTOIRE ET DESCRIPTION

DE LA

TOUR DE CREST

Écrits parus sur la Tour de Crest.

DOURILLE (de Crest). — *Notice sur la Tour de Crest*, dans le *Courrier de la Drôme* du 20 décembre 1832.

JULES COURTET. — *Notice sur la Tour de Crest*, dans la *Revue archéologique*, année 1848. In-8º. (Tirage à part.)

ALFRED V... — *La Tour de Crest*. Lyon, 1837. In-12. (Roman.)

CYPRIEN PERROSSIER (l'abbé). — *La Tour de Crest*. Monographie historique et descriptive, dans le *Bulletin de la Société départementale d'archéologie et de statistique de la Drôme*, année 1870. Valence. In-8º. (Tirage à part.)

J. BRUN-DURAND. — *La ville de Crest (Drôme), sa Tour et ses illustrations*. Résumé historique, dans la *Revue du Dauphiné et du Vivarais*, année 1877. Vienne. In-8º. (Tirage à part.)

MAURICE CHAMPAVIER. — *La Tour de Crest*, dans la *Revue du Dauphiné et du Vivarais*, année 1880. Vienne. In-8º. (Poésie. Tirage à part.)

GUSTAVE BERMOND. — *La Tour de Crest*. Crest, 1884. In-8º. (Poésie).

A. LACROIX. — *Essai historique sur la Tour de Crest*, dans le *Bulletin de la Société départementale d'archéologie et de statistique de la Drôme*, t. XV, XVI et XVII. Valence. In-8º.

E. ARNAUD. — *Description topographique de la Tour de Crest*, pour faire suite à l'*Essai historique* de M. LACROIX. Même *Bulletin*, t. XVIII.

La gravure sur bois imprimée sur le titre de notre opuscule a été faite par Mlle Jeanne Meyrueis, de Paris, d'après le dessin de M. Jules Bénistand, de Crest. C'est tout à la fois un devoir de reconnaissance et un plaisir pour nous de rendre hommage à leur obligeance et à leur talent.

TOULOUSE. — IMP. A. CHAUVIN ET FILS, RUE DES SALENQUES, 28.

HISTOIRE ET DESCRIPTION

DE LA

TOUR DE CREST

EN DAUPHINÉ

PAR

E. ARNAUD

DIRECTEUR DE LA RESTAURATION HISTORIQUE DU MONUMENT
OFFICIER D'ACADÉMIE

PARIS

GRASSART, LIBRAIRE-ÉDITEUR

2, RUE DE LA PAIX, 2

—

MDCCCLXXXVI

HISTOIRE ET DESCRIPTION

DE LA

TOUR DE CREST

I

HISTOIRE DE LA TOUR.

'APRÈS Aimar du Rivail (1) et Nicolas Chorier (2), historiens du Dauphiné, la ville de Crest, ainsi que les villages de La Baume-des-Arnauds (Hautes-Alpes) et Chastel-Arnaud (canton de Saillans), a été fondée, au commencement du dixième siècle, par la famille Arnaud dans les derniers temps du royaume d'Arles, qui, après une existence éphémère, de l'an 879 à l'an 926, fut incorporé au royaume de Bourgogne.

Cette fondation toutefois doit s'entendre de l'agrandissement et de la fortification d'un lieu déjà existant

(1) *De Allobrogibus*, édit. Terrebasse, p. 124.
(2) *Hist. génér. du Dauphiné*, t. I, p. 828.

plutôt que d'une création proprement dite, car les Romains avaient antérieurement construit des habitations sur l'emplacement même de Crest, comme le prouve la découverte faite par M. Guérin (Louis), bottier, qui, pratiquant des fouilles dans le sous-sol de sa maison, sise à quelques mètres de la base du fameux escalier des Cordeliers, mit au jour, en 1875, une urne en poterie qui renfermait environ 400 pièces romaines, grand-bronze, de l'époque des douze Césars.

Les Arnauds, d'après le savant Peiresc (1), se rattachaient aux anciens comtes (2) qui commandaient dans le Diois. Aimar du Rivail leur refuse à tort la qualité de nobles, car un géographe anonyme du Diois, qui vivait vers l'an 1450 environ, affirme qu'au temps de leur splendeur, les Arnauds étaient comtes de Marsanne et seigneurs de la Baume-des-Arnauds, de Crest et lieux voisins (3), et l'historien Columbi (4) partage leur sentiment.

Autrement, on ne trouve les Arnauds mentionnés qu'au douzième siècle, et ils étaient déjà en décadence, comme le prouve la charte du 15 août 1145, une des premières qui parle d'eux, et qui nous apprend qu'un Arnaud de Crest, personnage puissant et pieux, qui possédait les terres et châteaux de Crest, Aouste, Divajeu, Saint-Médard, Bétone et Saint-Benoît, abandonna à Hugues II, évêque de Die, la suzeraineté ou haut domaine de Crest (5), possédé jusqu'alors en franc-

---

(1) De Pisançon, *Etudes sur l'allodialité*, p. 220.

(2) Les comtes, d'abord conseillers des empereurs romains, étaient, au quatrième siècle, des fonctionnaires militaires; et du cinquième au dixième siècle, des gouverneurs de villes ou de diocèses, mais sans jamais joindre à leur nom celui des pays auxquels ils commandaient.

(3) Chevalier, *Choix de documents inédits*, p. 272.

(4) *De rebus gestis episcoporum Valent. et Diens.*, p. 104.

(5) Le pape Alexandre III confirma cet abandon par une bulle du 28 mars 1165 (*Cartulaire de Die*, p. 20; *Gallia Christiana*, preuves, p. 186).

alleu par ses devanciers, moyennant 1,200 sols en
monnaie de Valence ou de Die, et le pardon « des
nombreuses fautes qu'il avait commises. » Or, au rap-
port de Columbi (1), ces « nombreuses fautes » doivent
s'entendre des excès dont s'était rendu coupable cet
Arnaud dans les luttes armées qu'il avait soutenues antérieurement contre l'évêque.

A dater de cette époque, 1145, les Arnauds ne furent plus en état de lutter contre leur suzerain ni même
contre leurs simples rivaux, et tombèrent dans l'obscu-
rité. On les trouve encore mentionnés dans des chartes
des douzième et treizième siècles, puis leur nom dispa-
raît presque complètement, sinon peut-être leur famille,
revêtue d'un autre nom. Aimar du Rivail (2), qui vivait
au commencement du seizième siècle, dit, que les Poitiers leur firent quitter le pays et les refoulèrent jusque
dans la Valloise (territoire de Saint-Marcellin), où se
trouvait encore de son temps un rejeton ignoré de cette
ancienne et puissante famille.

*
* *

Nous avons à nous demander maintenant si les Arnauds, fondateurs de la ville de Crest (3) vers l'an 900,
ont aussi construit la célèbre et formidable tour qui
en fait le plus bel ornement et n'a pas sa pareille en
France ? Nous ne le pensons point.

Il est parlé de cette tour pour la première fois le
2 mars 1120, sous le nom de *Château de Crest* (4), dans

---

(1) *De rebus*, etc.

(2) *De Allobrogibus*, p. 418.

(3) Celle-ci s'accrut beaucoup, car, dès 1196, elle comprenait quatre pa-
roisses *intra muros* et deux *extra muros* (*Cartulaire de Die*, p. 57 ; Columbi,
De rebus, p. 104).

(4) *Castrum Cristæ*.

une lettre adressée à cette date et de ce château par le pape Calixte II aux évêques de Coïmbre et de Salamanque en Espagne (1). Or, en examinant même superficiellement la tour actuelle, on ne tarde pas à s'apercevoir qu'elle se compose proprement de deux tours juxtaposées : l'une plus ancienne que l'autre.

La première date, selon nous, de l'époque romaine et voici nos raisons : 1° La présence des Romains sur le sol même de la ville de Crest est attestée par la découverte des monnaies romaines, dont il a été question tout à l'heure ; 2° d'anciens et nombreux documents (le premier est un devis de réparations de 1481), parlent toujours, en décrivant notre édifice, d'une *tour vieille* et d'une *tour neuve ;* 3° une portion de la base de la tour vieille, qui se développe en talus, est construite avec des moellons taillés en bossage à la manière romaine ; ceux qui sont dans l'intérieur de l'édifice portent les traces de l'usure des siècles, quoiqu'ils soient depuis longtemps à l'abri de la pluie, du gel et autres causes de destruction ; 4° enfin, en faisant des fouilles dans la première pièce de la *Tour vieille*, qui correspond au troisième étage de la *Tour neuve*, nous y avons découvert deux lampes romaines en terre cuite et l'emplacement d'une machine élévatoire romaine ou grue fixe, qui a servi à la construction de la *Tour vieille*.

D'autre part, il est constant que la construction de tours semblables à la *Tour vieille* rentrait dans la politique des Romains. Quand « la frontière et l'Empire furent menacés, » dit Viollet-Le-Duc (2), « les empereurs romains firent bâtir des tours isolées pour protéger les passages et pour maintenir les populations voi-

(1) Jaffé, *Regest. Pontific. Romanorum.*
(2) *Dict. raisonné de l'architecture française*, t. IX, p. 68.

sines. Ces tours, comme plus tard les donjons féodaux, n'avaient point de portes au niveau du sol, mais à une certaine hauteur, de manière qu'on fût obligé de se servir d'une échelle pour monter... Certaines tours romaines n'étaient que des postes d'observation... La colonne Trajane nous montre, dans ses bas-reliefs, beaucoup de ces tours d'observation avec fanaux qui permettaient de concerter des opérations militaires pendant la nuit et de surveiller les mouvements de l'ennemi ou de bandes de pillards pendant le jour... Constance, Julien, Valentinien, établirent dans les Gaules des lignes de postes sur les marches, le long des rivières voisines des frontières et à l'entour des grandes villes. Ces postes n'étaient autre chose que des tours élevées sur des promontoires, des monticules naturels ou factices. »

La *Tour vieille* de Crest avait été construite sans doute par l'un ou l'autre de ces trois empereurs, c'est-à-dire au quatrième siècle après Jésus-Christ, pour surveiller et protéger la route de Valence en Italie par Die, Luc, Gap, Embrun, Briançon et le mont Genèvre. On voit encore les ruines d'une tour de cette sorte au-dessus de Saillans, à quelques pas de la route, dans un lieu fort resserré entre la montagne et la Drôme.

*
* *

Ce point nous paraissant acquis, nous avons à rechercher l'époque à laquelle la *Tour neuve* ou féodale a été ajoutée à la *Tour vieille* ou romaine.

Pierre de Vaux-Cernay, religieux de l'ordre de Cîteaux dans l'abbaye de ce nom, près Chevreuse (Seine-et-Oise), qui écrivit, vers 1216, l'*Histoire des Albigeois*, appelle le château de Crest un « château très noble et très fort, bien muni de soldats et de gens de service (1). »

L'Histoire en vers de la croisade des Albigeois, qui date de la même époque, appelle aussi Crest « une place forte et imprenable (2). »

Faut-il conclure de ces témoignages que la tour de Crest, dans son état actuel, existait soit en 1120, soit en 1216? Nous ne le pensons pas. Les Arnauds avaient pu réparer, élever et fortifier la tour romaine, endommagée sans doute par l'irruption des barbares, et l'entourer de remparts et de bastions, de façon à en faire une forteresse déjà redoutable. La qualification que les historiens précédents donnent au château de Crest peut donc subsister sans qu'il en résulte nécessairement que la tour actuelle existât de leur temps.

Une raison péremptoire tranche, du reste, la question. La grande et unique porte d'entrée de la tour, presque toutes les portes de ses chambres ou cachots et les voûtes qui surmontent ceux-ci sont dans le style ogival. Or, d'après Viollet-Le-Duc (3), qui fait autorité dans la matière, ce style ne s'introduisit dans le nord de la France que vers la fin du douzième siècle. Les voûtes des cathédrales de Paris, de Senlis et celles de beaucoup d'autres églises de l'Ile-de-France n'ont été construites que dans le dernier quart de ce siècle, entre 1160 et 1200. Or, ce n'est pas à l'époque de la guerre des Albigeois, c'est-à-dire quelques années après 1200, que le style ogival avait pu déjà pénétrer dans le midi de la France, où les architectes s'inspiraient encore du style des constructions romaines. Toutes les parties de

(1) « *Castrum nobilissimum, fortissimum, militibus et servientibus bene munitum* » (Collect. Guizot, XIV, 335).

(2) « *Una forta plassa et imprenable* » (Dom Bouquet, *Recueil des hist. des Gaules*, XIX, 176.)

(3) *Dictionn.*, etc., t. VI, p. 421, 431.

la cité de Carcassonne, qui datent de la fin du douzième siècle ou du commencement du treizième, sont en style roman. Le célèbre palais des papes d'Avignon, où l'ogive joue un rôle considérable, n'est que du quatorzième siècle. Il faut donc indiquer tout au plus la fin du treizième siècle ou le commencement du quatorzième comme date possible de l'introduction du style ogival dans les départements méridionaux de la France.

Si nous voulons déterminer maintenant d'une façon plus exacte l'époque où fut construite la *Tour neuve*, nous n'en trouvons aucune de favorable pendant la longue guerre des Episcopaux, qui se termina seulement en 1356. Ce n'est pas durant ces temps agités, où une année en quelque sorte ne s'écoulait pas sans que les évêques de Valence et les comtes du Valentinois ne prissent les armes les uns contre les autres, qu'un donjon de cette importance, qui a une superficie de 700 mètres et une hauteur de 52, et dont la construction nécessitait l'emploi de plusieurs centaines d'ouvriers pendant plusieurs années, aurait pu être bâti.

Il est à remarquer, d'autre part, que la ville de Crest était un objet perpétuel de litige entre les évêques et les comtes, et que ni les uns ni les autres n'auraient voulu, ce semble, la fortifier par une tour semblable à celle qui se voit aujourd'hui, sans être assurés d'avance de ne pas construire une forteresse pour leurs adversaires. Ils ne pouvaient mettre la main à l'œuvre qu'avec la certitude qu'ils jouiraient sans conteste du sol sur lequel allait s'élever l'édifice, et en ayant devant eux plusieurs années de paix et de tranquillité.

Ajoutons enfin que, si ce redoutable donjon avait existé dans son état actuel pendant la guerre des Episcopaux, ses possesseurs, comtes ou évêques, auraient été si puissants que leur partie adverse n'eût pas cherché à s'en emparer, comme cela arriva plusieurs fois, et peut-être même n'eût pas osé seulement en contester la propriété.

Nous pensons donc que la *Tour neuve* n'a été construite qu'après le bienfaisant traité du 4 juillet 1356, qui mit fin à la longue et sanglante guerre des Episcopaux, et par Aimar VI dit le Gros. Ce comte, qui avait succédé à son père en 1345, vécut encore dix-huit ans après ledit traité, et ce doit être pendant ce laps de temps qu'il construisit la *Tour neuve* et ses défenses avancées du côté du nord (1); et cela, croyons-nous, avec une partie des matériaux de la fameuse forteresse de l'évêque de Valence et de Die, Amédée de Roussillon, dont nous allons parler, et qui n'est pas une difficulté pour notre système, comme on va le voir.

Columbi (2) et l'historien Chorier (3) affirment, le premier, qu'Amédée de Roussillon, qui occupa son siège épiscopal de 1276 à 1281, fit construire à Crest une forte citadelle, et le second, qu'il munit Crest d'un fort château; mais une étude des lieux prouve qu'il s'agit d'une forteresse différente de notre tour, élevée par cet évêque sur l'emplacement actuel du Calvaire et de la chapelle de ce nom, et qui n'a rien de commun avec la tour actuelle. Nous en parlons plus loin.

Or, la construction de cette forteresse d'Amédée de Roussillon est pour nous une preuve de plus que la *Tour neuve* n'existait pas encore, car ce prélat, qui était un homme intelligent et un guerrier expérimenté, n'aurait pas songé à élever un fort à quelques dizaines de mè-

---

(1) Il est possible, toutefois, que la *Tour neuve* ait été achevée par Louis II, son successeur, qui a laissé la réputation d'un seigneur criblé de dettes, et qui a bien pu se ruiner en partie en terminant l'édifice.

(2) *De rebus*, etc., p. 713.

(3) *Hist. générale du Dauphiné*, t. II, p. 158.

tres seulement de la tour actuelle, d'où l'on aurait pu
écraser facilement ses ouvriers. C'eût été la lutte du
pot de terre contre le pot de fer. Du reste, nous dirons
pour ceux qui, induits en erreur par Columbi et Chorier, ont pensé que c'est Amédée de Roussillon qui a
construit la tour actuelle, que ce prélat, n'ayant de-
meuré que cinq ans sur son siège épiscopal de Valence
et de Die, ce n'est pas dans un laps de temps si court
qu'il aurait pu élever un édifice aussi considérable.

Nous tirerons un dernier argument en faveur de la
construction de la Tour neuve par Aimar VI de Poitiers, de 1356 à 1374, de la teneur même de son testament, qui porte ces mots (1) :

« Tout homme doit mépriser les choses terrestres et
aimer les célestes, dirigeant ses actes de façon, après
la mort, à parvenir à la montagne qui est Jésus-Christ,
et à jouir de joies éternelles. C'est pourquoi le magni-
fique Aimar de Poitiers, comte de Valentinois et Diois,
désirant pourvoir à son salut, *a bâti une très forte tour* (2),
au moyen de laquelle son âme séparée du corps mon-
tera jusqu'à la gloire du Créateur. »

Bien qu'une cotature du siècle dernier, écrite au dos
de ce testament par un Cordelier de Crest, affirme,
d'après ce testament même, qu'Aimar VI est le fonda-
teur de la Tour (3), le savant M. Lacroix (4) pense que
ce document désigne, non pas notre Tour actuelle, mais
une *tour spirituelle*, construite avec des legs pieux faits
au couvent des Cordeliers de Crest. Il nous semble
pourtant que l'auteur de la cotature devait être bien
informé, puisqu'il habitait Crest, où le souvenir des Poi-

(1) Traduction de M. Lacroix (*Bulletin*, etc., t. XVI, p. 262).
(2) « *Turrim fortissimam œdificandam compilavit.* »
(3) « *Poitiers, qui a fait construire la tour.* ».
(4) *Bulletin*, etc., t. XVI, p. 262.

tiers était resté vivant, si bien qu'encore aujourd'hui on croit communément que la Tour, l'ancien pont sur la Drôme et le fameux escalier des Cordeliers, taillé dans la portion inclinée du rocher qui fait suite à celui sur lequel est construit notre donjon, sont l'œuvre de ces puissants seigneurs. Mais, en admettant même que la *très forte tour* mentionnée par le testament fût une *tour spirituelle*, nous ne pourrions nous défendre d'y voir une allusion manifeste à la tour bâtie par Aimar VI. Il n'est peut-être pas même nécessaire de recourir à cette explication, et nous pensons que le notaire qui a reçu le testament du comte aura simplement voulu dire ceci :

« De même que tout homme doit faire des legs pieux, qui lui servent comme de marchepied pour monter à la montagne de Jésus-Christ, ainsi Aimar de Poitiers en a fait de considérables, dont la très forte tour qu'il a construite est l'image, et qui l'élèveront jusqu'au ciel. »

Aux lecteurs de juger si notre interprétation est juste et si probantes sont les raisons que nous avons fait valoir pour prouver que la *Tour neuve* a été construite par Aimar VI dit le Gros, après l'édit de paix de 1356.

*

Revenons aux premiers seigneurs de Crest.

Le silence que les anciennes chartes, à partir du treizième siècle, gardent sur les Arnauds s'explique, suivant l'ingénieuse hypothèse de M. Lacroix (1), par un changement de nom, tout à fait vraisemblable à cette époque. Un sieur *Silvion de Crest*, appartenant à cette grande famille et héritier d'une partie de ses biens, renonçant au nom patronymique d'Arnaud pour ne garder que le

(1) *Bulletin*, t. XVI, p. 262.

sien propre, en y ajoutant toutefois les mots *de Crest*, apparaît comme seigneur de ce lieu et d'Aouste, Divajeu, Saint-Médard, Bétone et Lambres, dans des chartes de 1194, 1201, 1205, 1210 et 1244, sous la dépendance de l'évêque de Die, à qui un Arnaud en avait fait hommage, le 15 août 1145, comme on l'a vu plus haut (page 6).

L'évêque de Die, Humbert Ier (1199-1204), qui était en guerre ouverte avec Aimar II de Poitiers, comte de Valentinois, dont il sera parlé plus loin, lequel possédait aussi une portion des droits des Arnauds sur Crest par la comtesse de Marsanne appartenant à la famille de ces derniers, jugea lui-même nécessaire de placer, le 21 octobre 1201, sa part d'héritage des Arnauds, échue à Silvion de Crest, sous la suzeraineté de Béatrix, comtesse d'Albon, et d'André Guigues son fils. Une portion de la ville de Crest, notamment la *Tour vieille* faisait partie de cet héritage.

Quelques années après, en 1217, le comte de Montfort, chef de la croisade dirigée contre les Albigeois, assiégea Crest. Silvion et l'évêque de Die étaient partisans de Simon de Montfort, et le premier l'appela pour se venger d'Aimar II, qui soutenait, au contraire, le parti du comte Raymond V de Toulouse, protecteur des Albigeois. Arnaud de Die (1), qui commandait la *Tour vieille* pour le compte de Silvion, l'ayant remise à Montfort (2), Aimar II, mis dès lors dans l'impossibilité de défendre la portion de la ville qu'il possédait du chef de la comtesse de Marsanne, accepta la paix que lui offrit l'évêque de Die. Il signa un accommodement et promit sa fille en mariage au fils du comte de Montfort;

(1) Ailleurs D'Aydie ou Daidie.
(2) *Croisade contre les Albigeois*, p. 292 ; D. Bouquet, *Historiens des Gaules*, XIX, 176.

mais la ville de Crest fut presque entièrement ruinée pendant le siège.

Silvion qui, malgré cet accord, craignait encore Aimar II, dont la puissance grandissait tous les jours, chercha des alliés et, le 2 avril 1225, reconnut avoir donné à Lambert d'Adhémar, seigneur de Montélimar, du parti de Simon de Montfort, et à Hugues, son fils, tous les biens qui lui appartenaient, à la réserve seulement de l'usufruit. En retour, Lambert lui promit de lui donner sa fille. Mais, le mariage n'ayant pas eu lieu pour une cause demeurée inconnue, Silvion garda ses biens, entra dans les ordres, et, devenu doyen de l'église de Valence, il donna, le 5 octobre 1226, à cette église, dans la personne de Guillaume de Savoie, son évêque, tous ses droits sur Aouste, Divajeu et la moitié de Crest, y compris la *Tour vieille*, en échange de Beaumont et de Montvendre, de 100 livres de revenus sur le péage de Valence et de 32,000 sols (1).

* * *

Il est temps de s'occuper directement des Poitiers.

AIMAR Ier. L'origine de cette famille, qui devint si puissante dans le Dauphiné, a exercé la sagacité des historiens. L'opinion la plus vraisemblable est celle qui se fonde sur une enquête faite à Romans en 1421. Deux témoins, Chabert, capitaine de la Tour de Crest, et Bertrand Robert, notaire impérial, « déclarent qu'ils ont toujours ouï dire que, durant une guerre entre la comtesse de Marsanne et les évêques voisins, il était passé à Montélimar un surnommé de Poitiers, accom-

---

(1) Sur cette section, voyez les longues et patientes recherches de M. Lacroix, dans le *Bulletin*, etc., t. XVI, p. 17-26. Tout ce que nous avons dit est tiré de ce savant travail.

pagné de plusieurs gens qui, requis par la comtesse de Marsanne, lui fit très grand secours, en récompense de quoi elle lui donna sa fille unique (1). »

On ne sait si ce Poitiers descendait des Poitiers de Languedoc ou des Poitiers d'Auvergne. Quoi qu'il en soit, d'anciens documents permettent de croire qu'il s'appelait Aimar et sa femme Véronique. Cette dernière appartenait, par sa mère, à la famille des Arnauds, comme nous l'avons déjà dit, et son mariage paraît s'être consommé entre l'an 1100 et l'an 1125. C'est par elle que les héritiers d'Aimar étaient propriétaires d'une portion de la ville de Crest, par suite d'un partage de famille antérieur qu'on n'a pas retrouvé.

On connaît deux fils d'Aimar : Guillaume, qui suit, et Eustache de Marsanne, prévôt de l'église de Valence et abbé de Saint-Pierre du Bourg. Aimar Ier vécut assez longtemps, car de 1125 à 1158 il octroya des lettres de sauvegarde aux religieux de la célèbre abbaye de Léoncel.

GUILLAUME. Ce Poitiers (2), qui porte le titre de comte de Valentinois, en 1163, se maria avec Béatrix de Viennois, fille de Guigues d'Albon et de Marguerite de Bourgogne. Raymond V, comte de Toulouse et marquis de Provence, lui donna, en 1175, l'investiture des comtés de Valentinois et Diois.

AIMAR II dit *le Vieux*, fils de Guillaume, octroya,

---

(1) Marquis de Pisançon, *Guillaume de Poitiers*, dans le *Bulletin*, etc., t. XVI, p. 363.

(2) Plusieurs historiens croient, avec raison, que c'est le même personnage que Guillaume de Crest, mentionné dans le ban de vin octroyé à la ville de Crest par Pierre III, évêque de Die, vers 1170, et dans la bulle papale du 28 mars 1165, citée plus haut (p. 6, note 5). Il ne faut pas oublier que la ville de Crest était, en partie, sous la dépendance des évêques de Die en vertu de l'acte d'abandon de 1145, mentionné page 6. Les Poitiers ayant aussi des droits sur Crest, il n'est pas étonnant que le nom de Guillaume figure à côté de celui de Pierre III dans un document relatif à cette ville.

en 1188, aux habitants de Crest, des franchises qui sont les secondes en date de la province, et furent gravées sur pierre et encastrées sur l'un des côtés de la grande porte de l'ancienne église de Saint-Sauveur, entièrement reconstruite aujourd'hui. Un autre document un peu plus ancien, relatif au ban de vin de l'évêque de Die Pierre III, dont il vient d'être parlé page 17, note 2, fut également gravé sur pierre et placé de l'autre côté de la porte (1). En 1192, Aimar II ratifia les libéralités de son père Guillaume, de sa mère Béatrix et de tous ses prédécesseurs à l'abbaye de Léoncel. Raymond V, comte de Toulouse, renouvela en sa faveur l'investiture des comtés de Diois et de Valentinois, qu'il avait déjà donnée à son père. Aussi prit-il son parti, durant la croisade contre les Albigeois, comme on l'a dit plus haut (page 15). Il eut de vifs démêlés avec Jarenton de Quint, évêque de Die (1191-1198), et fut en guerre ouverte avec Humbert Ier, successeur de ce dernier. La paix fut signée en 1210. Aimar II avait épousé Philippine de Fay, dame de Lavoulte, veuve de Roger de Clérieu. Il lui naquit un fils nommé Guillaume, qui se maria, en 1226, avec Flotte de Béranger, et mourut du vivant de son père. Aimar II voulut dépouiller cette dernière de la tutelle du fils (Aimar III qui suit), qu'elle avait eu de Guillaume ; mais, battu par les troupes d'Aimar de Bressieu, d'Héraclius de Montlaur et de Guillaume de Savoie, évêque de Valence, il dut renoncer à ses injustes prétentions.

AIMAR III fut un seigneur guerroyeur comme son

(1) Quand l'église de Saint-Sauveur s'écroula et fut démolie, en 1838, on déposa la première inscription dans les archives de la mairie. Quant à la seconde, on en fit le seuil de la maison Moutier. Les lettres ont disparu par l'usure, mais l'inscription a été heureusement conservée par Delacroix dans sa *Statistique du département de la Drôme*, nouv. édit., p. 471.

grand-père. Oublieux du service que lui avait rendu
Guillaume de Savoie, il revendiqua l'héritage légué par
Silvion de Crest à l'église de Valence, c'est-à-dire la
seconde portion de la ville, et fit la guerre à Philippe
de Savoie, successeur de Guillaume. L'archevêque de
Vienne parvint à les réconcilier. Crest fut partagé entre
l'évêque et le comte, et chacun d'eux déclaré maître
absolu pour sa part. Il fut stipulé, en outre, que les
habitants dépendraient du seigneur sur le territoire duquel serait leur habitation, et que nul ne pourrait passer
du fief de l'un dans le fief de l'autre.

Cet accord, dont la date exacte n'est pas connue,
dura peu et fut bientôt suivi d'une nouvelle guerre, dans
laquelle Aimar III se saisit de tout Crest et de ses
deux châteaux (1). Un premier compromis fut pourtant
signé entre les belligérants le 15 février 1245, et un
traité de paix le 22 juillet 1248. « Vingt-deux ans plus
tard, » dit M. Brun-Durand (2), « à la suite de négociations qu'il serait inutile de raconter, le dauphin, qui...
était suzerain de la part de seigneurie de Crest appartenant autrefois à Silvion, se prévalant de ce que,
contrairement aux lois féodales, cette portion était pas-
sée en d'autres mains sans son aveu, la donnnait au
comte de Valentinois, avec pouvoir d'en poursuivre la

<hr>

(1) C'est la première fois (charte du 15 février 1245) qu'il est question de
ces deux châteaux, appelés l'un le supérieur (la Tour), et l'autre l'inférieur,
dont nous parlerons plus loin. C'est à M. Lacroix que revient l'honneur de
cette importante découverte. « Le supérieur, » dit-il, « appartenait à l'église
de Valence par donation de feu Silvion de Crest, et l'inférieur à feu l'évêque
Guillaume, à titre de gage, pour une somme de 2,000 livres » (Bulletin, etc.,
t. XVI, p. 106). M. Lacroix infère de là que ce dernier était proprement la
propriété des Poitiers, qui l'avaient fait construire pour établir leurs droits
sur une portion de Crest ; mais nous ne saurions affirmer, avec le savant
historien, que ce château existât déjà en 1217, lorsque Simon de Montfort
assiégea la ville (Bulletin, etc., t. XVI, p. 24).

(2) Bulletin, etc., t. XII, p. 75.

restitution sur l'évêque de Valence, » qui était pour
lors Bertrand, déjà évêque d'Avignon et parent du
comte. Aimar III prit donc de nouveau les armes ; mais
le pape Grégoire X, informé de la reprise des hosti-
lités, envoya, pour l'apaiser, deux cardinaux qui réus-
sirent dans leur mission. Bertrand mourut peu après :
c'était vers 1272.

Aimar III recommença la guerre avec Guy de Montlaur, successeur de Bertrand. Le même pape, Grégoire X, venu en France pour un projet de concile
général, chargea les archevêques d'Arles et d'Aix d'en-
tamer avec lui des négociations de paix, qui furent longues et n'aboutirent pas.

Guy de Montlaur, mort en 1274 ou 1275, fut rem-
placé par Amédée de Roussillon, qui eut tant à souf-
frir de la part d'Aimar III, que le pape Grégoire X,
pour lui donner plus d'autorité et de force, réunit en un
seul les deux évêchés de Valence et de Die, le 25 septembre 1275. Le nouvel évêque, qui était habile et cou-
rageux, fut plus heureux que ses prédécesseurs. Après
plusieurs faits d'armes brillants, il parvint à construire
une forte citadelle (1) au nord et au-dessus de la *Tour
vieille* qu'occupait vraisemblablement, à cette époque,
Aimar III, et le força à déposer les armes. Ce dernier,
qui mourut peu après (1er mai 1277), s'était marié à
Flavie de Beaujeu, dont il eut un fils, qui suit.

AIMAR IV signa, avec Amédée de Roussillon, les
14 mai et 3 juin 1278, des actes d'arrangement où in-
tervinrent, comme arbitres, Guy II de Genève, évêque

---

(1) Nous en avons déjà parlé, page 12. — Crest possédait donc, à cette
époque, trois châteaux ou forts : celui des Poitiers (emplacement du jardin
de Mlle Louise Latune), qui existait en 1245 ; celui d'Amédée de Roussillon
(emplacement du Calvaire), bâti entre 1275 et 1281, et la tour ancienne ou
romaine, réparée et fortifiée par les Arnauds.

de Langres, Humbert de Beaujeu, connétable de France, et le roi Philippe III dit le Hardi. La ville de Crest fut déclarée indivise entre l'évêque et le comte, mais la propriété exclusive du château fut attribuée au premier. Un document de cette époque, qui fait connaître l'étendue du fief de l'évêque de Valence-Die à Crest (1), et dont la date oscille entre 1277 et 1281, nous apprend que celui-ci « possédait, » dit M. Lacroix (2), « tout le marché, sauf le tènement (3) de l'Aumône (4) et quelques maisons particulières, les territoires compris entre la porte des Amics (5) suivant la rue qui va à la Drôme, et le Vingtain (mur d'enceinte), la maison Rosbaron en Ville Ederse (6), la rue droite, le Viol du four de la Pierre (7), l'église (de Saint-Sauveur), le Viol de la maison de Saint-Ruf (8), le chemin de Maupas (9), celui qui allait à la cour d'Aimar de Poitiers, la fontaine de Sabouri, le jardin dudit Aimar (10), les chemins de Sabouri, de Saint-François, de Saint-Antoine (11), les parties voisines de l'église et du cimetière (12), le tènement de Saint-Ruf jusqu'au chemin de Rochefort et au carrefour des Arnauds. »

Jean de Genève remplaça Amédée de Roussillon, mort en 1281. Aimar IV, qui avait repris les armes à la

---

(1) Publié par M. Brun-Durand dans *Bulletin*, etc., t. XII, p. 73-90.

(2) *Bulletin*, etc., t. XVI, p. 116.

(3) Maison et dépendance.

(4) Etablie au levant de la porte du marché ; aujourd'hui la maison Henton.

(5) Elle s'ouvrait, au midi, sur la promenade de Joubernon.

(6) Rue du Marché.

(7) Ancienne halle au blé.

(8) Située près de l'église de Saint-Sauveur, et habitée par des religieux de Saint-Ruf.

(9) Ruelle de ce nom.

(10) Attenant à sa maison, située dans la rue du Sang-Royal (de la République depuis peu).

(11) Propriété des religieux de Saint-Antoine, dans l'intérieur de la ville.

(12) Contigu à l'église de Saint-Sauveur.

mòrt de ce dernier, traita avec le nouvel évêque et
épousa sa sœur Polie de Bourgogne, dame de Saint-
Vallier ; mais il ne vécut pas en bonne intelligence avec
Guillaume de Roussillon (1297), successeur de Jean de
Genève, et lui fit une guerre de huit ans qu'interrompi-
rent pourtant quelques trêves ménagées par le Dauphin
de Viennois, et en dernier lieu par le pape Boniface VIII.
La paix fut signée en 1305, et le comte, pour soulager
sa conscience, chargea, le 10 novembre 1316, son fils
Louis, évêque de Viviers, de faire toutes les restitutions
qu'il estimerait légitimes, et, dans ce but, lui confia les
clés du château de Grane, où étaient ses trésors. Il
mourut, en 1329, âgé de près de quatre-vingts ans.

AIMAR V, fils du précédent, recommença, sous un
léger prétexte, la guerre contre l'évêque Guillaume de
Roussillon, qui appela à son aide le baron Albert de
Sassenage. Le comte, fait prisonnier à la suite d'une
rencontre, fit la paix avec son adversaire en 1329. Quelques années après survinrent d'autres luttes, car il existe
des traités de paix des 6 mars et 9 avril 1332, conclus
entre Aimar de Lavoulte, successeur de Guillaume de
Roussillon, et Aimar V, « d'après lesquels, » dit M. Lacroix (1), « la ville de Crest fut laissée en pariage aux
deux suzerains et la police intérieure réglementée. Le
pape Jean XXII, ayant chargé deux cardinaux d'établir les conditions d'une paix solide, ceux-ci décidèrent
que *le mère et mixte empire*, la juridiction entière, les fiefs
de l'évêque et du comte, ainsi que la garde des clés
et des portes de Crest seraient communs ; que ni l'un ni
l'autre ne pourraient mettre le château (la Tour) et le
territoire sur pied de guerre pour se combattre récipro-
quement ; que le mur construit par Aimar de Poitiers,

(1) *Bulletin*, etc., t. XVI, p. 258.

obstacle réel à l'accès de la demeure épiscopale, serait
démoli ; que si l'un des coseigneurs voulait bâtir, il
pourrait prendre du sable et des pierres dans un fonds
commun à tous les deux ; que l'évêque aurait la liberté
d'achever la forteresse (1) commencée dans le château
de Crest sans en élargir l'enceinte, et de construire,
entre son fort et celui d'Aimar (2), une cour de 8 cannes
de long sur 4 de large, une chambre de 4 cannes carrées et une cuisine de pareille surface (3) ; que les habitants de Crest de plus de quatorze ans jureraient fidé-
lité aux coseigneurs pour la garde du château envers et
contre tous. »

La paix ne fut pas durable, car Aimar V prit les armes contre Henri Ier de Villars, successeur d'Aimar de
Lavoulte ; mais le Dauphin de Viennois, Humbert II,
étant accouru avec des troupes, leur fit conclure une
trêve à Chabeuil.

LOUIS Ier, fils d'Aimar V et de Sibylle de Baux, fut
en guerre avec le successeur d'Aimar de Lavoulte,
Pierre de Chastellus. Ce prélat, qui avait les mœurs
aussi belliqueuses qu'Amédée de Roussillon, refusa, au
début de la lutte, tout accommodement, malgré les in-
stances de l'archevêque de Vienne, agissant au nom du
pape Benoît XII, et l'archevêque de Lyon reçut l'ordre
de l'excommunier. Une sanglante rencontre entre les
troupes des deux partis eut lieu vers 1343, près

(1) Il s'agit ici, selon toute probabilité, de la fortification du *château inférieur*, qui serait resté entre les mains des évêques.

(2) Le *château supérieur*, ou la Tour.

(3) On voit encore, dans le rocher du jardin de Mlle Louise Latune, ancien emplacement, selon nous, du *château inférieur*, la marque d'une cheminée et diverses entailles destinées à soutenir des planchers et des poutres.
Le puits, qui servait aux besoins du château, a été comblé ; mais les solides
murailles qui entouraient celui-ci sont encore debout et, dans celles du couchant, on aperçoit des meurtrières murées.

d'Eurre, à une lieue de Crest, où périrent deux cents soldats de l'évêque, sans parler de ceux en plus grand nombre qui furent faits prisonniers. Pour se venger, Pierre de Chastellus commit de grandes dévastations sur les terres du comte, auxquelles celui-ci répondit par des dévastations pareilles. Après ces excès, Benoît XII renouvela ses tentatives de médiation, et son mandataire, Henri de Villars, archevêque de Lyon, parvint à faire signer aux belligérants diverses trêves qui amenèrent la paix. Le comte et l'évêque moururent l'un et l'autre peu de temps après.

AIMAR VI, dit *le Gros*, succéda à son père, en 1.345, à l'âge de dix-huit ans, et abattit, vers 1354 (1), la forteresse d'Amédée de Roussillon, construite sur l'emplacement actuel du Calvaire, en 1276 (voy. p. 20); mais, grâce à la médiation de plusieurs cardinaux et du pape lui-même (Innocent VI), les deux adversaires finirent par s'entendre, et conclurent, le 4 juillet 1356, un traité de paix qui mit fin pour toujours à la guerre des Episcopaux. Elle avait commencé sous la comtesse de Marsanne et les Arnauds, dans la première moitié du douzième siècle, et dura plus de deux cents ans, après avoir fait couler des torrents de sang et causé des désastres incalculables. « Sans doute, » dit fort sagement M. Lacroix (2), « les droits des évêques étaient aussi légitimes que ceux des Poitiers, et ils pouvaient les dé-

(1) Une pièce de 1535 déclare qu'il n'y avait, à cette dernière date, « montrance de muraille. » L'assertion n'est exacte que jusqu'à un certain point, car, en examinant de près les lieux, on peut suivre une partie des fondations de l'enceinte, relativement considérable, du château épiscopal, et voir, dans le rocher, les entailles destinées à recevoir les murs de refend et les poutres des planchers. Le puits, qui était fort large, existe encore et a été comblé depuis de longues années. On en connaît l'emplacement, et il serait à désirer que le propriétaire actuel, M. Barral, le fît creuser à nouveau, car on y ferait peut-être quelque découverte intéressante.

(2) *Bulletin*, etc., t. XVI, p. 263.

fendre par la force des armes ; mais cela ne nous em-
pêchera pas de déclarer hautement et grandement pré-
férable un régime où le clergé n'a plus le souci d'intérêts
matériels à sauvegarder par le fer et par le feu. »

Le traité de 1356 assura la posssession intégrale de
la seigneurie de Crest aux comtes de Valentinois, en
échange d'une pension annuelle de 200 florins d'or et
de leurs droits sur la terre de Bezaudun : ce qui donna
lieu à ce dicton populaire :

> Falloit avoir le sens perdu
> Que laissa Crest pour Bezaudu (1).

L'abbé Vincent (2) dit qu'Aimar VI restaura la Tour ;
nous croyons, au contraire, qu'il l'agrandit, suivant la
thèse que nous avons soutenue longuement plus haut
(pages 7 à 14). Il mourut dix-huit ans plus tard (1374),
sans enfants, et laissa son héritage à son cousin ger-
main, qui suit. Il était marié à Elips ou Alix de Beaufort, appelée la comtesse Major dans les écrits du
temps. Elle eut la jouissance des seigneuries de son
mari défunt, et séjourna plusieurs fois dans le petit château construit près et au midi de la Tour.

LOUIS II était un personnage bizarre, inquiet, criblé
de dettes et sans enfants légitimes. Mal avec toute sa
famille, il légua ses biens au roi-dauphin (Charles VI),
le 11 août 1404, sous la réserve de l'usufruit. Ses parents, Jean de Poitiers, seigneur de Saint-Vallier, et
Louis de Poitiers, évêque de Valence, ayant été infor-
més de cette donation, vinrent à Grane et, lui mettant
le poignard sur la gorge, lui firent rétracter sa donation
et jurer tout ce qu'ils voulurent sur le corps de Jésus-

---

(1) Brun-Durand, *La ville de Crest*, etc., p. 7.
(2) *Notice sur la ville de Crest.*

Christ. Quelque temps après, Louis II assembla sa noblesse dans l'église de Saint-Sauveur, à Crest, pour faire ratifier ses nouvelles dispositions testamentaires ; mais celle-ci s'y refusa formellement, suivant, sans doute, un tacite accord. Quinze ans plus tard, le 12 juin 1419, Louis II fit, à Baix-sur-Baix, en Vivarais, un nouveau testament par lequel il instituait pour son héritier Charles, dauphin de Viennois, fils du roi Charles VI ; et ses terres furent définitivement réunies à la province du Dauphiné, en 1426 (1). Ajoutons qu'il établit un hôtel des monnaies dans la Tour, le 8 janvier 1382. Nous en parlons plus loin.

* *
*

Jusqu'au seizième siècle, on ne trouve plus aucun fait historique relatif à la Tour de Crest ; mais à cette époque, qui fut ensanglantée par les guerres de religion, il n'en est plus ainsi. Sa position stratégique formidable devait nécessairement la faire convoiter par les deux partis en présence : les catholiques et les huguenots.

Crest tomba au pouvoir de ces derniers pendant la première guerre de religion, qui dura d'avril 1562 au 19 mars 1563, car les Etats du Dauphiné, réunis à Valence du 27 janvier au 6 février 1563 et composés uniquement de députés huguenots, décidèrent la création d'un conseil politique de douze membres, dont huit seraient nommés par les villes et consistoires de Valence, Grenoble, Romans, Montélimar, Crest et Crémieu.

Pendant la deuxième guerre (septembre 1567 au 20 mars 1568), Crest ouvrit ses portes sans coup férir aux huguenots. Ce fut dès le début de la lutte.

---

(1) Pour des détails plus circonstanciés sur les Poitiers, voyez M. Lacroix, dans le *Bulletin*, etc., t. XVI, p. 97-119, 257-265.

Ils s'en saisirent de même au commencement de la troisième guerre (25 août 1568 au 8 août 1570); mais le château résista (15 septembre). La ville fut reprise peu après par les catholiques, quand le célèbre Charles Du Puy-Montbrun et les autres colonels huguenots du Dauphiné eurent quitté la province pour rejoindre l'armée du prince de Condé dans l'ouest de la France. Un parti de huguenots resté dans le pays chercha à s'en saisir; mais les échelles qu'ils appliquèrent contre le château se trouvèrent trop courtes, et la tentative échoua (25 juillet 1569).

Pendant la quatrième guerre (novembre 1572 à juillet 1573), Crest demeura au pouvoir des catholiques, et Montbrun tenta sans succès de s'en emparer par intelligence (juillet 1573).

Pendant la cinquième (septembre 1574 au 6 mai 1576), le même général fut momentanément incarcéré à Crest, probablement dans la Tour, après la fameuse bataille du pont de Mirabel (1) (4 juillet 1575), où la chute de son cheval lui fit perdre la liberté, puis la vie; car, au mépris de toutes les lois de la guerre, il fut condamné à mort et décapité, par arrêt du Parlement de Grenoble.

Après la sixième guerre (janvier 1577 au 17 septembre 1577), le non moins célèbre Lesdiguières, qui succéda à Montbrun comme général des huguenots dauphinois, essaya d'escalader de nuit le château de Crest; mais ses soldats furent découverts et précipités dans les fossés (13 octobre 1577) (2).

La ville de Crest, qui avait épousé après cela le parti de la Ligue, dirigée à la fois contre les huguenots et la royauté légitime, se rendit, le 20 octobre 1589,

---

(1) Aujourd'hui de Blacons.

(2) E. Arnaud, *Histoire des protestants du Dauphiné*, t. I, p. 177, 218, 229, 232, 240, 281, 331, 354.

aux efforts combinés de Lesdiguières et d'Alphonse
d'Ornano, lieutenant général pour le roi en Dauphiné.
Claude Clermont-Montoison et Antoine Rostaing
d'Urre, sieur Du Puy Saint-Martin, qui l'occupaient
alors pour la Ligue, celui-ci comme commandant de la
Tour, celui-là comme gouverneur de la ville, ouvrirent
leurs murs aux soldats de Lesdiguières, à condition
qu'ils conserveraient tous deux leur commandement,
qu'il n'y aurait que leur garnison dans la place, et que
d'Ornano occuperait une des portes de la ville. Mais,
contre la foi jurée, Adhémar de Brunier, seigneur de
Marsanne, ligueur obstiné, se jette dans la Tour avec
quelques soldats. Lesdiguières et d'Ornano, qui étaient
déjà partis, reviennent sur leurs pas et, le jour même,
forcent Brunier d'abandonner la place (1).

Quand les guerres de religion se renouvelèrent, au
dix-septième siècle, la ville de Crest tomba au pouvoir
du lieutenant général des Eglises réformées du Dauphiné, Jean Du Puy-Montbrun, fils du capitaine de ce
nom ; mais le duc Henri II de Montmorency, gouverneur du Languedoc, s'étant transporté avec ses troupes
dans la province, Montbrun jugea prudent d'abandonner la ville (1621) (2).

C'est pour éviter de nouvelles luttes que Richelieu
fit rendre à Louis XIII, le 26 janvier 1633, le célèbre
édit portant démolition d'un grand nombre de forteresses féodales. La *tour et château de Crest* y furent compris ; mais, sur les réclamations des habitants de la
ville, le château seul et les divers remparts, portes et
bastions y attenant furent démolis.

(1) Videl, *Vie de Lesdiguières*. Grenoble, 1649, p. 181 et 182.
(2) *La desroute et deffaicte des troupes du comte de Chastillon, par Monsei-
gneur l'amiral de Montmorency, avec la prise des villes d'Aubenas, Dye et Crest,
rendues à l'obeyssance du Roy...* Paris, 1621, in-12.

* *
*

A dater de ce moment, la Tour de Crest devient une prison et une maison de correction. Nous citerons les noms des principaux personnages qui y furent détenus.

Alexandre Du Puy-Montbrun, marquis de Saint-André, petit-fils de Charles Du Puy-Montbrun nommé plus haut. Il avait embrassé le parti du duc Henri de Rohan pendant la troisième guerre de religion du dix-septième siècle (1627-1629), fut fait prisonnier à Privas le 28 mai 1629 et conduit à la Tour, d'où il parvint à s'échapper après quatre ou cinq mois de détention. Réfugié à l'étranger, il y acquit la réputation d'un des plus grands capitaines de son temps.

Après la révocation de l'édit de Nantes, en 1685, qui supprima d'un trait de plume la liberté du culte protestant, un grand nombre de réformés, qui n'avaient commis d'autre crime que celui d'adorer Dieu selon leur conscience, furent emprisonnés à la Tour. Nous mentionnerons les suivants :

Louise Moulin, de Beaufort, dite la Maréchale. Condamnée à être pendue sur la place de son lieu natal, elle demanda comme une grâce, avant de monter sur l'échafaud, dressé devant sa maison, de pouvoir embrasser une dernière fois son enfant, qui était à la mamelle, et eut le courage de l'allaiter. Après quoi, elle monta l'échelle avec une joie céleste et mourut en louant Dieu (1687).

Faure, de La Motte-Chalançon. Il mourut dans la Tour même, après deux ou trois mois de détention. Son fils, qui venait le voir souvent, le pressait d'abjurer pour recouvrer ses biens, qui avaient été confisqués ; mais il préféra mourir plutôt que de renier sa foi (1689).

Mme Dumont, de Crest. Son mari, un des ancêtres du grand ingénieur M. Aristide Dumont, sachant que les archers s'apprêtaient à lui enlever sa fille, quitta sa maison et erra longtemps avec elle en fugitif. Sibeud, subdélégué de l'intendant à Die, ordonna aux archers de saccager sa maison et d'emprisonner à la Tour sa femme, qui était enceinte, et fit une fausse couche après un long évanouissement. Abîmé de chagrin, M. Dumont livra sa fille en pleurant (1739).

Jacques Romieu, de Charpey. Il fut arrêté dans son lit par Chaix, subdélégué de l'intendant à Valence, qui le traita avec la dernière dureté, quoiqu'il fût malade depuis plusieurs années. Depuis sa maison jusqu'à la Tour, il ne cessa de vomir du sang. Le malheureux languit encore trois ou quatre mois dans le donjon, et fut trouvé mort, tenant entre ses mains les *Entretiens solitaires d'une âme dévote avec son Dieu* (1740).

Jacques Roger, pasteur du Désert. Il fut pris aux Petites-Vachères, dans la vallée de Quint, à l'âge de plus de soixante et dix ans, et emprisonné pendant quelques jours à la Tour avant d'être conduit à Grenoble, où il fut condamné à être pendu et exécuté (1745).

Paul-Alexandre de Montrond, seigneur du Plan-de-Baix. Mis en état d'arrestation parce qu'une assemblée religieuse de protestants s'était tenue dans une caverne, située sur ses terres, près de l'ancienne route du Plan-de-Baix à Beaufort, le Parlement le dépouilla de son fief et le condamna à 3,000 livres d'amende et aux frais du procès (23 février 1745). Ramené ensuite de Grenoble, où on l'avait conduit pour le juger, il fut emprisonné dans la Tour pendant une année (1).

----

(1) E. Arnaud, *Histoire des protestants du Dauphiné*, t. III, p. 64, 81, 184, 188, 225, 212.

*
* *

Un grand nombre d'autres prisonniers, étrangers à
la religion, furent aussi détenus dans la Tour pendant
le cours du dix-huitième siècle, en vertu de lettres de
cachet.

Nous dirons, pour ceux qui pourraient l'ignorer, que
ces lettres de cachet étaient des lettres du roi, contre-
signées par un secrétaire d'Etat, fermées du sceau particulier de Sa Majesté et contenant un ordre d'incarcé-
ration. C'était un moyen aussi commode qu'expéditif,
mais arbitraire, de se débarrasser d'hommes coupables,
dangereux, de mœurs dissolues, hardis dans leurs propos ou seulement gênants pour la politique du roi et du
clergé, sans éveiller l'attention et déshonorer leurs fa-
milles par des jugements contradictoires et publics.

M. Lacroix (1) s'est étendu longuement, dans sa monographie de la Tour, sur la vie souvent curieuse de
ces sortes de prisonniers, parmi lesquels on trouve des
ecclésiastiques, des gentilshommes, des militaires, des
fonctionnaires publics, etc.; mais comme notre savant
historien ne donne par convenance que les initiales de
leurs noms, ce ne sont plus que des inconnus pour
nous, et le public particulier pour lequel nous écrivons
cette histoire ne saurait, croyons-nous, s'y intéresser.
Nous dirons seulement que ces prisonniers obtenaient
de temps à autre la permission de donner des bals, où
les dames de Crest étaient invitées, et qui se termi-
naient quelquefois par l'évasion des détenus, avec lesquels ces dernières échangeaient leurs vêtements.

*
* *

Pendant les orages de la première Révolution, la

(1) *Bulletin*, etc., t. XVII.

Tour, destinée par le directoire du département de la Drôme à servir de maison d'arrêt et de détention (16 avril et 29 septembre 1792), reçut divers prisonniers politiques, dont voici les principaux :

Les frères d'Audiffret, de Saint-Paul-Trois-Châteaux : l'aîné, ancien juge suppléant au Buis ; le cadet, ecclésiastique (septembre 1792).

Marie de Gailhard, trente et un ans, dragon au 18e régiment, ex-procureur général syndic du district de Crest et ex-procureur de la commune.

Guibert (Jean-Joseph), quarante-deux ans, officier de santé.

Mathieu, curé de Chastel-Arnaud, cinquante-cinq ans.

Morel (Joseph), curé de Saillans, cinquante-neuf ans.

Delemne (Paul), lieutenant d'invalides, cinquante-cinq ans.

Baston (Laurent), commis dans les finances, trente-sept ans.

Figat (André), prêtre.

Archinard cadet.

La Tour renfermait aussi, à cette époque, une vingtaine de prisonniers accusés de délits ou de crimes de droit commun, tels que vagabondage, désertion, vol, incendie, assassinat, etc.

En 1795, on y enferma un certain nombre de soldats condamnés par les conseils de guerre, qui furent gardés par une compagnie de vétérans nationaux ; ce qui porta à une quarantaine le nombre total des prisonniers.

Le 11 septembre 1799, le ministre de l'intérieur convertit la Tour en maison de réclusion départementale. Du 17 février 1801 au 9 juillet 1807, quatre cent vingt-deux personnes y furent successivement incarcérées.

De 1805 à 1809, sous Napoléon Ier, on y enferma vingt-sept prisonniers politiques.

*
* *

Un arrêté ministériel du 20 octobre 1810 désigna la
Tour pour servir de maison de correction à tout le département de la Drôme et à la milice municipale des
deux cantons. Un décret impérial du 9 avril 1811 ayant
concédé gratuitement aux départements, arrondisse-
ments ou communes la pleine propriété des édifices et
bâtiments nationaux, alors occupés pour le service des
cours et tribunaux ou pour celui de l'instruction, la
Tour devint, à dater de cette époque, la propriété du
département de la Drôme.

Trente et un ans plus tard, sur une demande du ministre de la guerre, du 17 mars 1832, le préfet de la
Drôme, par arrêté du 16 avril de la même année, céda
la Tour à la Guerre pour devenir une succursale des
prisons militaires de Lyon et de Grenoble, pour lors
encombrées ; et la Tour se remplit de prisonniers, gardés par une compagnie d'infanterie. Mais comme l'édifice, en vertu du décret impérial précité, était la propriété du département de la Drôme, le ministre des
travaux publics, protecteur naturel des droits de celui-ci,
fit toutes ses réserves sur l'arrêté préfectoral. Le département, toutefois, qui était peu soucieux de faire des
dépenses pour l'entretien de la Tour et qui disait, dans
son prosaïsme bourgeois, que l'édifice était « plus oné-
reux qu'utile au département, » émit le vœu que le ministre de la guerre s'en chargeât complètement pour en
faire une garnison. Ce dernier fut loin d'entrer dans ces
vues, car il fit évacuer la Tour le 18 novembre 1840,
et retira la compagnie d'infanterie tout en continuant à
se charger des dépenses d'entretien de l'édifice.

En mai 1849, la Tour s'ouvrit pour recevoir une

3

partie des cent cinquante-trois personnes compromises dans les troubles survenus à Marseille en juin 1848. Le 22 octobre suivant, elles étaient toutes sorties.

En 1851, après le coup d'Etat du président de la République, Louis Napoléon, qui renversa des institutions qu'il avait solennellement juré de conserver, la Tour renferma jusqu'à six cents républicains, arrêtés pour avoir défendu la constitution que la France s'était librement donnée à cette époque. Le 6 avril 1852, elle était complètement vide.

Vingt et un ans plus tard, le conseil municipal de Crest apprenant que, pour entrer dans les vues de l'Etat, qui avait décidé de déclasser les places fortes sans importance, le ministre de la guerre avait remis, pour l'aliéner, la Tour à l'administration des domaines, demanda, le 26 janvier 1873, au préfet de la Drôme, de faire des démarches pour qu'elle fût concédée à la ville de Crest, qui s'offrait de se charger, à l'avenir, des frais de son entretien. Une pétition, couverte de plusieurs centaines de signatures, protesta, de son côté, contre l'éventualité d'une mise en vente de l'édifice, et, partant, contre la possibilité de sa démolition.

L'administration des domaines ne pouvant éluder l'ordre ministériel, la Société d'archéologie de la Drôme, secondée par M. le maire de Crest, tourna habilement la difficulté en faisant classer la Tour parmi les monuments historiques de France, par un arrêté du 6 juin 1877 du ministre de l'instruction publique, de telle sorte que sa démolition n'est plus possible. La mise en vente n'offrant plus, dès lors, les mêmes difficultés, elle s'effectua à Valence, aux enchères publiques, le 29 juillet 1878. Le conseil municipal de Crest, par l'organe de son maire et de deux conseillers municipaux, fit faire une offre; mais elle fut dépassée par celle de M. Maurice

Chabrières, de Crest (1), qui, devenu propriétaire du
donjon, l'offrit généreusement au conseil municipal.
Celui-ci la refusa pour des motifs que nous n'avons pas
à apprécier ici (2).

A dater de cette époque, M. Chabrières n'a cessé
de faire, à la vieille tour des Poitiers, des réparations
selon le style de l'époque. Il a bien voulu nous en con-
fier la direction (3), et nous allons les indiquer tout en
décrivant le célèbre monument.

(1) M. Chabrières, que ses mérites ont élevé à une haute position finan-
cière, car il est, à cette heure, trésorier général du Rhône, régent de la
Banque de France et administrateur du chemin de fer d'Orléans, appartient
à une ancienne famille protestante du Dauphiné. Voici la suite généalogique
de ses ancêtres directs : I. Pierre Chabrières, marchand à Valence, marié à
Anne Faure (seizième siècle); II. Pierre Chabrières, même profession, même
lieu, marié à Anne Sauzéon (seizième siècle); III. Mathieu Chabrières,
bourgeois de Lavoulte, marié à Louise Bret, en 1622; IV. Jacques Chabrières, marchand à Loriol, marié à Jeanne Chastain, en 1664; V. Théophile
Chabrières, maître de poste à Loriol, marié à Marie-Anne Robin, en 1698;
VI. Mathieu Chabrières, maître de poste à Loriol, marié à Catherine Fau-
riel, en 1734; VII. Mathieu Chabrières, marchand à Loriol, marié à Marianne
Tourte, en 1773; VIII. Pierre-Augustin Chabrières, négociant à Crest, marié
à Fanny de Saint-Martin-Valognes, en 1818; IX. Paul-Maurice-Auguste
Chabrières, marié à Adélaïde-Claire Arlès-Dufour, en 1853. — Une branche
de la famille Chabrières, qui se fit catholique dans la personne de Gaspard
Chabrières, fils aîné de Pierre Chabrières II, et fut anoblie, s'étant éteinte
dans la famille de Salmard de Ressis, le vicomte de Salmard, son chef actuel, propriétaire du château de Peyrins et héritier de cette branche, a ac-
cordé, en 1874, à M. Maurice Chabrières, seul représentant mâle des deux
branches, le droit d'en relever le titre et les armes. Celles-ci sont *d'azur, à*
deux fasces, andées d'argent et au chef d'or, chargé d'une chèvre, issante au
naturel. Voy. Ch. d'Hozier, A*rmorial,* généralité de Grenoble, p. 63 et *Vie et*
poésies de Soffrey de Colignon, chancelier du roi de Navarre, publiées par le
comte Douglas. Grenoble, 1874, in-4°. Planches.

(2) Pour plus de détails, voyez M. Lacroix, dans le *Bulletin,* etc., t. XVI,
p. 285-296, 411-419; *Perrossier,* p. 50 et 51.

(3) Les travaux sont exécutés par M. Jean Sage, de Crest, intelligent et
habile entrepreneur de constructions.

II

DESCRIPTION DE LA TOUR.

I. — *Ancien état du château de Crest.*

ES forteresses féodales du moyen âge se composaient de plusieurs corps de bâtiments dominés et défendus par l'un d'eux, particulièrement fortifié, qui portait le nom de *donjon*.

C'était le cas du château de Crest, construit sur la crête du rocher de *Bolluard*, qui regarde le couchant, et au pied duquel est bâtie la ville.

Une *Visite des chasteau et tour de Crest-Arnaud avec sa description* (1), du 16 janvier 1508, et un plan en bois sculpté, de 1598, des mêmes château et tour, conservé à la mairie de Crest, et provenant du tympan de l'ancienne église de Saint-Sauveur, permettent de les décrire avec assez d'exactitude, tels qu'ils étaient au seizième siècle.

Le château était entouré de tous côtés de solides

---

(1) *Arch. de l'Isère*, B, 3132. Cette pièce est écrite en latin barbare. Voyez aussi B, 2990, 3124, 3126, 3127, 3129; C, 143. Ces divers documents manuscrits et les autres que nous citons dans le cours de ce travail ont été collationnés par M. Lacroix, qui nous les a communiqués avec son obligeance habituelle.

remparts et de bastions crénelés, sauf au couchant, où le rocher était assez élevé et escarpé pour défier toute escalade. Ces remparts, sur plusieurs points, servaient de murs de soutènement à des plates-formes qui égalisaient le terrain.

Du côté de la ville, au midi, on pénétrait dans l'enceinte par une porte crénelée, qui donnait sur l'étroite rue de la Tour, la plus élevée de la ville, et à proximité de la fontaine de Sabouri, où les comtes de Valentinois faisaient abreuver leurs chevaux pour ménager l'eau de leur citerne.

Après avoir franchi la première porte, on rencontrait, en montant, une deuxième porte, également crénelée et défendue par des meurtrières.

Ces deux portes, en 1508, manquaient de fermetures. La première a été reconstruite au siècle passé, en style moderne, et forme l'entrée actuelle de la première enceinte extérieure de la Tour. La seconde, qui fermait la deuxième enceinte extérieure, à entièrement disparu. Nous pensons qu'elle était située au-dessus et près du point où le mur de clôture du jardin de Mlle Louise Latune s'adosse au rocher du Bolluard.

Plus haut, en montant encore la colline, et en tournant à droite, se trouvait une troisième porte, beaucoup plus forte que les deux autres. Elle s'ouvrait au midi et était attenante à un rempart qui se prolongeait du levant au couchant, jusqu'à la crête du rocher, où il s'adossait, et qui formait la troisième et dernière enceinte extérieure. Cette porte était défendue par des créneaux, des meurtrières, des mâchecoulis et un bastion. En 1508, sa fermeture de bois était pourvue de ses barres, de ses verroux et de deux serrures, dont deux en dedans et l'autre en dehors. Elle a été complètement rasée. Le rempart et le bastion subsistent seuls, mais démolis en grande partie. On relève, en ce moment, le bastion et la porte.

Aux créneaux de cette porte était suspendue une cloche du poids de 150 livres environ, « qui est mise en branle, » dit la *Visite* précitée, « lorsqu'il y a quelque feu dans les environs dudit lieu de Crest ou lorsque des prisonniers mutins s'échappent ou veulent se révolter, afin que les habitants viennent en aide au gardien, ou lorsque le temps est menacé d'orage ou de tonnerre. »

Cette porte donnait accès à l'intérieur à une grande plate-forme, appelée *Place Sallavert*, où se dressait une table de pierre de deux pieds de large et de près de quatre pieds de long, qui est à cette heure dans le jardin de M. Mathieu, au couchant de la Tour.

Près de cette table, dans le rempart, était pratiquée une meurtrière, qui avait vue sur la porte de la deuxième enceinte du château et était destinée à en défendre l'accès.

Sur la place Sallavert s'élevaient diverses constructions adossées à la crête du rocher, à la suite les unes des autres.

D'abord la *Salle Sallavert* ou Salle Verte (1), mentionnée pour la première fois dans un devis de réparation de 1429, et « dans laquelle, » dit la *Visite* citée plus haut, « sont enfermés des débiteurs décrétés d'arrestation par le tribunal de Crest ou pour les deniers du seigneur ; lesquels débiteurs se sont échappés en mutins de temps en temps et plusieurs fois, parce qu'elle n'est pas fermée de bonnes portes et serrures. » Cette salle avait au levant deux fenêtres batardes (2) ferrées, mais privées de fermetures de bois, et deux portes :

(1) Dans le texte latin : *Aula viridis*.
(2) Hautes et étroites.

l'une extérieure, au levant, la porte d'entrée, et l'autre intérieure, au couchant. Celle-ci donnait sur un corridor où prenait naissance l'escalier qui conduisait au premier étage. La cheminée était au nord « avec deux bombardes, appelées cortaulz. »

Le premier étage formait une pièce de même dimension, percée de trois croisées à quatre ouvertures, dont deux au levant, sans fermeture de bois, et une autre au nord, avec fermeture. Cette pièce, dont la toiture menaçait ruine en 1508, avait deux portes : l'une au nord, du côté de la Tour, l'autre au couchant, ouvrant sur un corridor par lequel on se rendait, au midi, à la terrasse d'une seconde construction dont nous allons parler et, au nord, à la Tour même.

Cette seconde construction était contiguë à la première, au midi, et se composait d'une pièce au rez-de-chaussée en mauvais état, appelée *La Chambre du Seigneur Comte*, parce que ce dernier y faisait sa demeure quand il habitait Crest. Elle avait une fenêtre au midi et était habitée, en 1508, par Benoît Verduyni, gardien de la tour. Elle était percée de deux portes : l'une au levant, la porte d'entrée ; l'autre, au couchant. Par celle-ci on entrait dans une deuxième pièce du rez-de-chaussée appelée *La rière chambre du Comte*, éclairée au midi par « deux fenêtres bâtardes, construites à la manière antique et mal closes. » En arrière encore, il y avait une troisième petite pièce large de deux pas et longue de trois, puis une quatrième qui ne renfermait que des latrines et par où le comte se rendait à la Tour.

La première de ces quatre pièces se terminait par une toiture en tuiles et les trois autres étaient voûtées et surmontées d'une plate-forme confinant à la crête du rocher. Sur celle-ci s'élevait un mur percé de meurtrières. Il semble même, d'après le plan en relief mentionné plus haut, que la plate-forme avait aussi un parapet crénelé du côté du levant. Nous sommes, d'autre part, disposé à croire que cette maison, qui servait d'habitation aux comtes de Valentinois, est « le logement de la Tour » qui porte le nom de *Jallinier* ou Jallivier dans des devis de réparations de 1431, 24 août 1469, 27 février 1483 et 1484.

Il est dit, dans la *Visite* de 1508, que, « de la dernière pièce voûtée (qui renfermait les latrines) jusqu'au fort dudit château il y a trois petites portes d'un accès difficile, étroites et basses, dont une se ferme à clé, savoir la première porte existant proche la maison paternelle dudit gardien Verduyni, les autres manquent de fermetures. »

En tenant compte des renseignements qui précèdent, nous pensons que la première porte fermait les latrines au nord et donnait dans le corridor situé derrière le rez-de-chaussée de la maison Sallavert et que les deux autres portes étaient pratiquées dans ledit corridor ou dans celui du premier étage. Ces deux corridors étaient au couchant.

Devant la maison du comte, au midi, se trouvait une petite place ; puis suivait, au midi encore, une écurie en bon état pouvant contenir huit chevaux et adossée au rempart qui partait de la porte de la troisième enceinte de la Tour. La *Visite* mentionne encore une seconde écurie de deux chevaux qui paraît avoir été adossée au rocher du couchant, près de la maison du comte et la touchant peut-être.

En remontant vers le donjon, le long du rocher et à quelques pas des deux maisons précitées, on trouvait un portail attenant à un fort solidement construit, défendu par des mâchecoulis et des meurtrières et composé d'un rez-de-chaussée et d'un premier étage. Le rez-de-chaussée avait une porte d'entrée et une fenêtre ferrée, manquant l'une et l'autre de fermetures. C'est là « qu'étaient d'habitude les provisions du seigneur comte. » Quant au premier étage, celui-ci en faisait son grenier à blé. Nous pensons que ce bâtiment est celui qui est appelé *le Fort* dans un devis de réparations du 26 août 1488.

Toutes ces constructions ont été rasées et il n'en reste d'autre vestige que des entailles pratiquées dans le rocher pour soutenir les planchers et les poutres.

A leur suite et contiguë au fort précité, s'élevait près du donjon une autre construction avec rez-de-chaussée et premier étage. Le rez-de-chaussée renfermait le *Four du comte* et, en 1508, une grosse poutre à laquelle était fixée une chaîne pour lier les criminels. Le premier étage portait le nom de *Chambre haute dessus le four* et avait « une cheminée ou chauffepanse » et deux fenêtres donnant au couchant. Cette construction, entièrement restaurée à cette heure, est appelée aujourd'hui le *Corps de garde*. Elle n'est pas adossée au rocher, comme étaient les autres constructions, et s'appuie sur la Tour même, à droite de la grande porte d'entrée, et forme avec ledit rocher et la Tour une petite cour ouverte, fermée au midi par une porte rectangulaire qu'on appelait la *Porte du Fort*. Celle-ci existe encore et a été restaurée avec le parapet et la grande meurtrière dont elle était surmontée. Devant la Porte du Fort se trouvait un fossé taillé dans le rocher. Il avait été converti en cave, mais il a été rendu à sa première destination et recouvert d'un pont mobile en bois.

A l'angle sud-ouest de la Tour, sur la crête même du rocher, on voit un autre fort adossé à la Tour, muni, dans sa partie inférieure, de deux meurtrières d'arbalètes (ou archères) et, dans sa partie supérieure, de

meurtrières de canon et d'arquebuse. Un petit escalier
en pierre, partant de la cour dont nous venons de parler,
desservait à la fois ce fort sans toiture et ouvert à l'intérieur et la Chambre haute dessus le four. Le fort est
encore debout et a été entièrement restauré. Un devis
du 24 août 1488 nous apprend que ses murs s'étaient
en partie écroulés, ainsi que la crête du rempart nord
de la ville qui venait se souder sur ce point à ses pieds.
Cette brèche permettait aux maraudeurs de pénétrer
dans l'enceinte de la Tour.

De l'angle sud-est de celle-ci part un puissant mur en
moellons, rejoignant par un coude presque à angle droit
le rempart est de l'enceinte et le dépassant de plusieurs
mètres. Ce mur avancé ou boulevard est percé d'une
grande et belle porte ogivale, récemment restaurée, qui
porte le nom de *Première Poterne* dans les vieux documents. Il était armé à sa partie supérieure de meurtrières
qui seront rétablies. Deux autres, fort grandes et fort
belles, sont pratiquées dans sa partie inférieure.

Le rempart est de l'enceinte, dont nous venons de parler, a été entièrement réparé et va se souder presque à
angle droit à celui qui entourait le donjon au nord. Divers
documents nous apprennent que ce rempart, qui servait
en même temps de mur de soutènement, s'était écroulé
par l'usure du temps, et que sa reconstruction, adjugée
le 6 octobre 1481, fut interrompue à la cause de la
peste. Le 9 février 1483, il n'y avait que le fondement
de fait, mais toute l'œuvre devait être terminée à la
Noël. C'est à cette muraille que se raccordait le rempart nord de la ville de Crest, dont l'exhaussement sur
ce point fut ordonné, par un devis approuvé le 14 juin
1490, pour empêcher les surprises et l'invasion des maraudeurs. Ce fait ferait supposer que le fossé du rempart était comblé à cette époque. Quoi qu'il en soit,

ce mur surélevé, qui tombait de nos jours en ruine et était fort disgracieux, a été entièrement démoli pour prévenir les accidents.

Le rempart nord de la Tour, non loin de sa jonction avec celui de l'est, est percé d'une grande et belle porte ogivale, qui donne sur la campagne et porte le nom de *Seconde poterne* dans les anciens documents. Ce rempart, sur la crête de la colline, est percé d'une autre poterne, se replie ensuite sur lui-même à angle droit et, après quelques mètres de parcours dans la direction du midi, s'appuie sur le donjon, formant ainsi comme une nouvelle section de rempart, qui fait face au couchant et est percé d'une autre petite poterne. Celle-ci est protégée, d'abord par un éperon formé par un avancement du rempart du nord, puis par un fossé latéral taillé dans le rocher. Ces deux remparts du nord et du couchant, avec leurs portes et poternes, étaient presque entièrement ruinés et ont été relevés. Ils sont défendus par trois tours, comme le porte le plan en relief du château de Crest : deux vides et sans toiture au nord-est et au nord-ouest, et la troisième, entre les deux autres, pleine et couronnée par une plate-forme.

La grande porte ogivale et les deux poternes ont reçu des fermetures en bois de peuplier d'une grande épaisseur, munies de gros clous à cinq faces, comme on en trouve encore dans les vieilles portes de château, notamment dans celle du château de Tournon sur le Rhône.

Pour être complet, nous rappellerons qu'au midi et en dehors de l'enceinte de la Tour, dans la partie du rocher qui s'abaisse vers la ville et qui correspond au jardin actuel de Mlle Louise Latune, s'élevait en 1245 un second château, qui appartenait, à titre de gage, à feu Guillaume de Savoie, évêque de Valence, et qui portait le nom d'*inférieur*, par opposition à la **Tour**, qui était le *supérieur* (Voy. page 19, note 1).

Près de cent ans plus tard, l'évêque de Valence et de Die, Aimar de Lavoulte, en vertu du traité de paix qu'il conclut avec Aimar V, entreprit de l'élever ou de le défendre par un fort qui, en 1332, n'était encore que commencé (page 23).

Autrement, nous ne saurions dire quand ce château inférieur a été détruit. La *Visite* de 1508 ne mentionne son existence en aucune façon ; ce qui porterait à croire qu'il avait entièrement disparu à cette époque. Quoi qu'il en soit, on voyait, quelques années plus tard, un jardin sur son emplacement, comme nous l'apprend un document du 1er avril 1535 (1), qui, énumérant les biens possédés par François Ier dans la ville de Crest, dit que la Tour confinait au midi « le jardin de respectable et distingué personnage le seigneur Bertrand Rabot, conseiller delphinal. »

II. — *Le donjon ou la Tour.*

I. — DESCRIPTION GÉNÉRALE.

Le donjon de l'ancien château de Crest, vulgairement appelé *la Tour*, vu de loin, affecte la forme quadrangulaire ; mais, de près, il n'en est plus ainsi.

Au nord se dresse une muraille grandiose, sans fenêtre ; au midi, au levant et au couchant, trois autres murailles, percées de diverses fenêtres et lucarnes. Ces trois dernières ont à peu près la même élévation ; mais la première les dépasse de beaucoup. Voici, du reste, leur hauteur exacte. La grande muraille du nord, qui

(1) *Archives de la Drôme*, E, 4018.

regarde la campagne, mesure 51^m,75 ; — celle du levant, qui donne sur le quartier du marché de la ville, 40^m,35 ; — celle du midi, qui a vue sur le centre de la ville et le pont de la Drôme, 39^m,25 ; — enfin, celle du couchant, qui donne sur la plaine, 31^m,80.

Ce sont les quatre façades principales de la Tour, qui lui donnent l'aspect général d'un immense cube à quatre arêtes perpendiculaires, plus haut que large. Elles ont été restaurées les unes après les autres, pierre par pierre, malgré le coût et la difficulté de l'entreprise. La réparation seule de la façade du nord a nécessité le remplacement de six cent quatorze pierres de taille.

Il est toutefois à remarquer que le grand mur du nord avance de plusieurs mètres sur celui de l'est ; qu'à l'angle nord-ouest de la Tour se trouve un bastion angulaire à deux faces, en éperon, entièrement massif et destiné à protéger le mur du nord, et que le mur du couchant s'avance également sur celui du midi, se replie sur lui-même à angle droit dans la direction du levant, puis dans celle du nord pour se souder au mur du midi, formant ainsi une petite tour carrée, appelée *La Tour de la Crotte* (grotte) dans les anciens documents, et destinée à défendre à la fois la porte d'entrée de la Tour, la façade du midi et la grande porte pratiquée dans le puissant mur qui prend naissance à l'angle sud-est de la Tour et dont nous avons déjà parlé.

Il est encore à remarquer que la portion du mur du midi où se trouve la porte d'entrée et qui supporte les pesants mâchecoulis qui la protègent, est plus épaisse que le reste du mur et fait saillie sur celui-ci. Ces diverses particularités de construction, qui ont leur raison d'être pour la défense, portent en réalité à sept les diverses façades de la Tour ; mais quatre d'entre elles, eu égard à la petite largeur des autres, méritent seulement ce nom.

On remarque de plus, sur la façade du midi, à une grande hauteur, six immenses crocs en fer, où l'on pendait autrefois les criminels ou les prisonniers de guerre. A cette heure, il est impossible d'y atteindre, parce que la muraille du midi a été exhaussée postérieurement; mais à l'époque où cette dernière ne dépassait pas la première terrasse ou plate-forme de la Tour, il était facile d'y suspendre les malheureux patients.

La Tour est construite, tant à l'extérieur qu'à l'intérieur, de gros moellons de grès de couleur rousse un peu noircis par le temps, ce qui donne à l'édifice entier un cachet archaïque remarquable, surtout lorsque les rayons du soleil dorent, vers le soir, ses murs gigantesques et font ressortir leurs vives arêtes. L'intérieur présenterait à peu près le même aspect, s'il n'avait été blanchi à la chaux pour des raisons d'hygiène, qui malheureusement n'ont rien à faire avec l'art.

Une particularité de la Tour neuve, c'est que ses murs sont adossés sans aucun lien à deux façades de la Tour ancienne, sauf dans leur partie supérieure sur une faible hauteur, de sorte que l'adhérence est si peu complète que le grand mur du nord, par suite d'un mouvement de la couche de marne friable et inclinée sur lequel il repose dans sa partie inférieure, s'est séparé de la Tour vieille par une fente, qui va en s'évasant dans le haut jusqu'à la largeur de trois doigts.

Cette particularité s'observe aussi dans la façade du levant, qui n'est adhérente au grand mur du nord que sur une faible hauteur, et vient de ce que l'angle sud-est de la Tour s'est un peu affaissé à cause de la présence de cette marne friable dont nous venons de parler.

Nous ne pensons pas qu'il faille expliquer autrement

ces étranges fissures, d'autant mieux que, comme il arrive d'ordinaire dans les mouvements de maçonnerie, elles sont nulles dans le bas de l'édifice et ne commencent à paraître qu'à une certaine hauteur.

La façade du couchant, qui est adossée à la Tour vieille, mais qui repose sur une roche fort dure, ne présente pas cette particularité. La nouvelle maçonnerie déborde seulement, dans le haut, de quelques centimètres sur l'ancienne, par suite d'un léger tassement. Que si les murs des deux tours n'ont pas été mieux mariés ensemble, cela vient de ce que les architectes, prévoyant soit un tassement, soit un écart de la maçonnerie, qui s'appuyait sur les murailles plus anciennes de la tour romaine, n'ont pas voulu, avec raison, compromettre la solidité de celle-ci.

Disons encore que les matériaux entrés dans la construction de la Tour ont été pris sur place, ce qui a permis à ses architectes de pratiquer au nord, dans la crête du rocher, une immense coupure, qui isole complètement le donjon et lui sert, en quelque sorte, de fossé.

Ajoutons que les fenêtres bâtardes, de forme rectangulaire, du premier étage, qui étaient fort étroites à l'origine pour empêcher les surprises et l'escalade, ont été élargies dans la suite des temps, pour donner aux chambres plus d'air et de lumière ; et que, d'autre part, lorsque la Tour fut convertie en prison (et même avant pour quelques pièces), toutes ses fenêtres furent munies de fortes grilles de fer, sauf celles qui éclairaient les chambres des soldats de la garnison et celles qu'on boucha pour diminuer les chances d'évasion des prisonniers. Les fenêtres des cachots ont même une double grille ; quelques barreaux, dans certaines chambres, ont été sciés par les prisonniers.

Disons enfin que, sur la grande muraille du nord, on aperçoit l'empreinte de deux boulets qui ont été tirés contre elle pendant les guerres de religion. C'est à peine si les projectiles ont effleuré la pierre. L'un d'eux a été retrouvé à quelque distance de la Tour, il y a soixante et dix ans environ, et l'autre, qui pèse 36 livres, tout dernièrement, au pied de l'édifice.

2. — DESCRIPTION PARTICULIÈRE DE LA TOUR. REZ-DE-CHAUSSÉE ET SOUS-SOL.

La Tour a pour entrée une grande et belle porte ogivale, s'ouvrant sur la façade du midi, non loin de l'angle sud-ouest, et fermée par une porte à deux battants en forts madriers de peuplier, qui paraissent dater de l'époque de la construction. Dans l'un des deux battants est pratiquée une autre porte étroite et basse, munie de deux forts verrous fermant à clé, l'un intérieur, l'autre extérieur. Une chaîne de fer, fermant également à clé, retenait dans ses coulisses une grosse barre de bois, destinée à empêcher la grande porte de s'ouvrir en dedans. Cette barre a disparu, aussi bien que la herse qui complétait la fermeture de la Tour. Ajoutons qu'à l'extérieur se trouve actuellement, faisant fonction de porte à jour ou claire-voie, un treillis à deux battants relativement moderne, se fermant par un gros cadenas et formé de puissantes barres de fer.

Des devis de réparations, des 4 juin 1477, 27 février 1483, et de l'année 1484, nous apprennent que la porte de bois de la Tour avait été en partie incendiée en même temps qu'une couleuvrine établie près de là. « Plus, faut réparer, » dit l'un de ces devis, « la pre-
» mière porte en entrant dans ladite Tour, d'une pe-
» tite pièce de piboul (peuplier), là où l'on brûla la
» couleuvrine. »

La voûte surbaissée, qui fait suite à la porte ogivale, est percée d'une meurtrière qui servait de judas et d'une ouverture carrée ou porte-voix, communiquant l'une et l'autre avec le premier étage. Ajoutons que la portion ogivale de la porte avait été murée à une époque relativement moderne, et qu'un des premiers soins du propriétaire actuel, M. Chabrières, a été de faire démolir cette construction malencontreuse.

L'accès de la porte était défendu par de forts mâchecoulis, dont nous avons déjà parlé, et qui sont suspendus à une assez grande hauteur de la façade du midi.

Après avoir franchi le couloir de la porte d'entrée de la Tour, on pénètre dans un vestibule mal éclairé par une fenêtre bâtarde qu'on avait élargie, et qui a été ramenée à ses anciennes proportions. Devant soi on a la base massive, formant talus, de la Tour vieille ou romaine, un escalier en pierre qui conduit au premier étage, la partie supérieure de la citerne, et à droite, la porte de la cave et deux autres portes donnant accès à deux belles salles.

L'escalier était primitivement en bois et établi à droite de la porte d'entrée. La commodité du service a amené son déplacement.

La citerne, qui descend jusqu'au niveau du sol de la cave, est en partie taillée dans le rocher, mais entièrement revêtue de gros moellons. Elle est, du reste, admirablement construite. Au milieu de sa base se trouve un petit bassin à bords évasés où se ramassent les débris de diverses sortes et la vase qui descend de la conduite d'eau. Au point où aboutit celle-ci existe un autre petit bassin, formé d'un seul bloc de pierre et destiné au même but. La margelle de la citerne, très usée à cette heure et taillée à panneaux évidés, s'élève jusqu'à hauteur d'appui et a été également découpée dans un

4

seul bloc de pierre. La citerne, à sa base, est munie d'un tuyau de plomb, qui lui sert de déversoir et traverse la cave ainsi que la façade du midi. Elle est pourvue aussi d'une conduite en maçonnerie, qui prend naissance à la base de la margelle et conduit au dehors le trop plein des eaux, en traversant le vestibule et le même mur du midi. Enfin, la citerne est alimentée par les eaux de pluie de la grande toiture de la tour, et mesure $7^m,10$ de hauteur, $3^m,10$ de largeur et 4 mètres de longueur, en tout 88 mètres cubes environ ou 880 hectolitres.

La cave, où l'on descend par des degrés de pierre, et qui est éclairée par deux lucarnes, l'une au levant, l'autre au midi, occupe la place laissée vide par la déclivité du rocher. Elle est coupée sur son milieu, et du levant au couchant, par un solide mur de refend, qui règne sur toute la hauteur de la Tour neuve et est percé de deux arcs en ogive du plus beau style. Anciennement la cave était recouverte d'un simple plancher, qui reposait sur de grosses poutres, dont on voit encore les embrasures. Elle a été remplacée depuis par une voûte à berceaux sans style.

Quant aux deux salles qui s'ouvrent sur le vestibule et correspondent aux deux parties de la cave pour les dimensions, chacune d'elles est éclairée par une fenêtre située au levant. En 1508, l'une des salles s'appelait *La Chambre des Ceps*, et l'autre, qui était vide, ne portait aucune désignation particulière. Dans le mur du midi de la chambre de droite, on avait taillé après coup une cheminée qui a été supprimée récemment.

PREMIER ÉTAGE.

Au premier étage on trouve la continuation du mas-

sif, devenu perpendiculaire sur ce point, de la tour romaine ; un vestibule éclairé par une fenêtre au midi,
et sur lequel donnent deux salles correspondant à celles
du rez-de-chaussée (la fenêtre paraît avoir été ouverte
après coup, ou tout au moins élargie) ; enfin une sorte
de cave obscure, en partie taillée dans le rocher et ouverte tout récemment. Une des salles a une seule fenêtre au levant et l'autre deux : une au levant et la
seconde au midi. Celle-ci avait été convertie en une
cheminée qui a été supprimée dernièrement. Les deux
fenêtres du levant ont été ouvertes après coup.

« Dans ces deux chambres, » dit la *Visite* de 1508,
« le seigneur comte avait coutume de faire boucherie,
» parce qu'elles sont fermées et voûtées et les anneaux
» de fer où l'on suspendait les jambons existent encore. »

Dans la salle éclairée par deux fenêtres se trouvaient,
en 1508, « une certaine quantité de flèches anciennes. »

Il est à remarquer que les quatre salles que nous
venons de décrire (deux au rez-de-chaussée et deux au
premier étage) ne formaient primitivement que deux
pièces fort élevées, affectant, comme les nefs des églises
gothiques, la forme rectangulaire jusqu'à une certaine
hauteur et se terminant par des voûtes ogivales. Elles
n'étaient éclairées que par les deux fenêtres supérieures.
Les deux autres du premier étage n'existaient pas et
ont été taillées depuis dans le mur de l'est. Des planchers, reposant sur des consoles de pierre continues,
établies à la naissance des voûtes, partagèrent les deux
grandes pièces et en formèrent quatre.

Dans l'angle sud-ouest du vestibule de ce premier
étage, au-dessus de la porte d'entrée, existe un enfoncement carré où l'on faisait manœuvrer la herse et où
l'on voit l'ouverture supérieure du porte-voix et de la
meurtrière-judas dont nous avons parlé, et, de plus,

quatre petits placards pratiqués dans les deux murs laté-
raux à l'usage des gardes de la porte. C'est là aussi
qu'au siècle passé on avait établi une cuisine dont la
cheminée traversait la façade du midi et se prolongeait
extérieurement jusqu'au sommet de la Tour. C'était une
affreuse construction qui a été démolie depuis l'acqui-
sition de la Tour par M. Chabrières.

Près de cet enfoncement, dans le mur du couchant,
est pratiquée une porte longtemps murée, qui a été
ouverte et donne accès dans l'espèce de réduit ou
cave, dont nous venons de parler et où l'on devait primitivement déposer des provisions de bouche. Il avait
de l'air par une petite ouverture ménagée au-dessus de
la porte et murée autrefois.

DEUXIÈME ÉTAGE.

On monte du premier étage au deuxième par un large
escalier, dont les marches en bois de chêne paraissent
aussi anciennes que la Tour. Le vestibule de cet étage,
assez spacieux et éclairé par deux fenêtres carrées, l'une
au midi, ouverte après coup, l'autre au couchant, conduit à gauche à deux grandes salles ou plutôt à des cachots placés au-dessus des chambres du premier étage
que nous venons de décrire et éclairés : l'un par une
lucarne au levant, l'autre par une lucarne également au
levant et une autre lucarne au midi. Ils sont recouverts de
larges dalles de pierre. Le dernier cachot, mieux éclairé
que l'autre à cause de ses deux ouvertures, s'appelait,
en 1508, *la Chambre du Moulin*. On y voyait à la même
date « un moulin à bras complet, près duquel étaient
» deux pierres propres à écraser le blé. » Les deux
cachots communiquent maintenant l'un avec l'autre par

une porte qui était murée autrefois. La lucarne du midi de la seconde salle était aussi murée.

A l'angle sud-ouest du vestibule, un escalier en bois de quelques marches conduit à une petite chambre carrée éclairée par une fenêtre au levant, élargie après coup. Son sol est percé d'un orifice carré par où l'on descend, au moyen d'une corde à poulie, dans un cachot fort obscur, profond de huit mètres, éclairé par une lucarne au levant et en partie taillé dans le rocher. Cette lucarne avait été élargie et vient d'être ramenée à ses anciennes proportions.

L'orifice de ce cachot est fermé par une porte en bois qui n'existe plus et une grille en fer qui existe encore, mais privée de ses charnières, serrures et verrous. Le cachot porte, dans un devis de réparations de 1491, le nom de *Croton* (ou *Crotte*) et, dans une description de l'an VII, celui de *Basse-fosse*. C'étaient les oubliettes de la Tour, formant le rez-de-chaussée de *la Tour de la Crotte*. On l'appelle vulgairement aujourd'hui *le Cachot des Cordes*.

A cet étage, on voit encore la base massive de la tour romaine et la pointe de la crête du rocher sur lequel elle est assise et dont elle n'est qu'un revêtement jusqu'au niveau du sol du troisième étage de la *Tour neuve*.

TROISIÈME ÉTAGE.

Le même escalier en bois continue du deuxième au troisième étage et s'ouvre sur un vestibule éclairé au midi par une fenêtre à deux baies carrées et au couchant par une fenêtre murée autrefois.

Ce vestibule est considérable, très élevé et voûté en moellons. La partie qui est dans l'axe du couchant fut convertie en une chapelle qni portait le nom de *Sainte-*

Catherine. En 1508, on y voyait « deux balistes de chêne » sans poulies ni cordes. »

Ce vestibule donne accès à gauche à deux belles salles. La première prend son jour au levant par une fenêtre cintrée, peu élevée, mais assez large. On y remarque : 1° une vaste cheminée en pierre de taille d'un grand style ; 2° une porte qui s'ouvre au levant sur des latrines (*aygadière*, dans la *Visite* de 1508), suspendues à l'extérieur du mur de l'est sur trois consoles et dont la conduite disgracieuse, construite au siècle passé et descendant extérieurement jusqu'au pied de la Tour, a été démolie ; 3° une autre porte qui conduit à la première terrasse ou plate-forme de la Tour par un escalier dérobé fort étroit, ménagé dans l'épaisseur du mur du levant. Cette salle, dont la voûte en moellons affecte la forme d'un demi-arc de cercle ogival et s'appuie sur le grand mur du nord, s'appelait *la Chambre de Lapade* (ou *Lampade*), nom qui se trouve mentionné pour la première fois dans un devis de réparations du 13 juin 1474.

La seconde salle, largement éclairée au levant par une fenêtre cintrée de la même dimension que celle de la chambre Lampade et au midi par une seconde fenêtre à deux baies carrées, possède une belle cheminée en tout semblable à celle de la chambre précédente et un petit cabinet taillé après coup dans le mur du midi, ainsi que sa fenêtre. Ce cabinet, dans la *Visite* de 1508, porte le nom d'*aygadière* (latrines) : « Des criminels, » dit-elle, « y sont souvent enfermés ; mais on la laisse vide de » temps en temps, parce qu'elle est fermée par une » porte de peu de valeur. »

Un escalier en bois de quelques marches conduit, de l'intérieur de la salle, à un second étage formé par un plancher établi à mi-hauteur de la salle, à la naissance de la partie ogivale, et éclairé par une fenêtre à double baie carrée, ouverte après coup, qui prend son jour au levant.

Cette chambre s'appelait *la salle Montlaur*, et son nom est mentionné pour la première fois dans un devis de réparations de l'année 1443.

La remarque que nous avons faite à propos des quatre salles du rez-de-chaussée et du premier étage s'applique également aux deux cachots et aux deux salles des deuxième et troisième étages. Ces quatre pièces n'en forment proprement que deux, fort élevées et coupées par deux planchers, mais avec cette différence que la salle Montlaur possède, comme on l'a vu, un étage de plus, ce qui porte à quatre sur ce point le nombre des étages de la Tour neuve.

Ajoutons que si les vestibules du rez-de-chaussée, du premier et du deuxième étages ont des planchers pour plafonds, celui du troisième, ainsi qu'on l'a déjà remarqué, se termine par une voûte presque à plein cintre ; et comme, d'autre part, tous ces vestibules sont formés de deux parties qui se coupent à angle droit, à cause de la place qu'occupe la Tour vieille ou romaine sur la superficie totale, les deux voûtes du vestibule du troisième étage se coupent aussi à angle droit, se soudant l'une à l'autre, à leur point d'intersection, par un bel arc en pierre de taille formant saillie.

A cet arc et à la voûte de la salle Lampade sont fixés des anneaux, qui servaient vraisemblablement à suspendre les caisses de provisions des habitants de la Tour.

A l'angle sud-ouest de ce vestibule, une porte donne accès à une petite pièce carrée, située au-dessus de la chambre des oubliettes du deuxième étage, dans *la Tour de la Crotte*. La voûte ogivale de cette pièce, qui a l'épaisseur considérable de 8 mètres, est percée à son centre d'un porte-voix maçonné, qui communique avec la grande terrasse de la Tour et servait à transmettre rapidement des ordres, des munitions de guerre et des provisions de bouche. C'est « la chambre dans « laquelle on avait l'habitude de faire *la monnaie*, » dit la *Visite* de 1508 (1).

Dans la partie de la voûte du même vestibule, qui s'appuie sur le grand mur du nord de la Tour, est pratiquée une ouverture où aboutissait un escalier en bois qui a disparu, de telle sorte qu'à cette heure on ne peut monter à la grande terrasse de la Tour que par l'escalier secret de la salle Lampade, dont nous avons parlé. D'après un devis de réparations du 4 juin 1477, ce grand escalier en bois était déjà hors du service, et il fallait le rétablir.

Ce n'est qu'à ce troisième étage que la Tour romaine cesse d'être massive et forme un appartement, converti plus tard en « une prison âpre et forte. » Il est voûté en ogive, très élevé et éclairé par une lucarne taillée après coup dans le mur du couchant. La tradition lui donne le nom de *Cachot Saint-Julien*, nous ne savons au sûr pour quel motif.

Des fouilles exécutées récemment dans le sol de ce cachot ont fait découvrir une construction fort intéressante. C'est d'abord, sur le milieu de l'appartement, une cavité en partie maçonnée et en partie taillée dans le rocher, qui mesure environ 2m,50 de longueur, 1m,35 de largeur et 2m,10 de profondeur ; puis, aux quatre angles, quatre coulisses carrées de 26 centimètres de côté, également taillées ou bâties, qui descendent à 3m,70 de profondeur au-dessous du sol du cachot. Celles-ci

---

(1) C'est Louis II de Poitiers qui fonda, comme on l'a dit p. 26, cet hôtel des monnaies.

s'inclinent l'une vers l'autre deux à deux et se rencon-
treraient à une certaine hauteur, si elles se prolon-
geaient. C'était là, selon toute probabilité, l'emplacement d'une machine élévatoire ou grue fixe, qui a servi
aux Romains à construire cette partie de la Tour. Dans
les quatre coulisses étaient établies quatre poutres qui,
à la hauteur voulue, rejoignaient, pour la soutenir, une
autre poutre posée perpendiculairement dans le fond
de la cavité susmentionnée, et pouvant tourner sur elle-
même au moyen d'un tourillon ou axe en fer jouant
sur un fort plateau carré en bois, dont l'emplacement,
taillé dans le rocher, se voit encore au fond de la cavité. A l'extrémité supérieure de cette dernière poutre
était fixée une pièce de bois formant potence, au bout
de laquelle se trouvait une poulie et une corde servant
à lier les pierres. Il n'y avait plus dès lors qu'à faire
tourner la grue sur elle-même pour porter les matériaux
au point de la construction où ils étaient nécessaires (1).

Un document manuscrit du quatorzième siècle (2) si-
gnale l'existence d'un moulin à vent dans la Tour. Nous
croyons qu'il était placé dans la salle Lampade et que
ses ailes jouaient à l'extérieur du mur du levant. On remarque, en effet, près de la fenêtre cintrée de cette

(1) Dans la première édition de cette description topographique de la
Tour (*Bulletin*, etc., t. XVIII, p. 152), nous avions émis l'hypothèse que la
construction que nous venons de décrire pourrait bien être l'emplacement
d'une baliste romaine ; mais un architecte distingué de nos parents, M. Henry
Kleffler, qui a longtemps habité l'Italie, nous a fait observer que lorsque les
Romains créaient des ouvrages qui devaient durer, ils y donnaient tous leurs
soins et en faisaient quelque chose de fini : ce qui n'est pas le cas de la construction qui nous occupe, car elle est grossièrement exécutée. C'est pourquoi
il a émis devant nous l'opinion, fort vraisemblable du reste, que notre construction était plutôt l'emplacement d'une machine élévatoire destinée à sou-
lever des pierres. Les Romains l'auraient établie avant la construction de la
tour pour faciliter leur tâche.

(2) *Etat des revenus de la Châtellenie de Crest*, aux archives de la Cour des
comptes du Dauphiné, à Grenoble.

salle, des traces de forts scellements, et, dans l'escalier dérobé qui conduit à la grande terrasse, une porte dont le couloir traverse ce même mur du levant et donne actuellement dans le vide. Autrefois, le couloir s'ouvrait sur un échafaud en bois, qui servait probablement à la manœuvre et à la réparation des ailes et des engrenages du moulin. Plusieurs cavités et une forte console de pierre, que l'on remarque à l'extérieur des murs du levant ou du nord, marquent encore la position des poutres et poutrelles qui soutenaient l'échafaud. Quatre solides gances en fer, fixées à cette hauteur à l'intérieur de l'avancement du mur du nord sur le mur du levant, et dans lesquelles s'engageaient sans doute de fortes pièces de bois, paraissent avoir servi au jeu des ailes du moulin. Quand celui-ci eut disparu par l'usure du temps, la petite porte dont nous venons de parler fut murée pour prévenir les accidents (Devis de réparations du 13 juin 1474). Elle a été réouverte récemment et munie d'une fermeture de bois.

PREMIÈRE TERRASSE ET TOITURE.

Les pièces du troisième étage que nous venons de décrire étaient originairement abritées par une seule et grande terrasse, à l'exception de la Tour vieille, plus élevée de beaucoup que la Tour neuve et formant comme une tour dans la Tour.

Cette terrasse, construite en moellons de grande dimension, est découpée en plusieurs pentes aboutissant à des rigoles, qui réunissaient autrefois les eaux de pluie et les conduisaient dans la citerne par une conduite pratiquée dans l'intérieur du grand mur du nord. Depuis que la toiture dont nous allons parler a été construite, les eaux sont amenées dans la citerne par une gargouille, d'abord en fer-blanc, puis en pierre de taille, qui descend le long de l'angle intérieur formé par la Tour vieille et le grand mur du nord. Un petit canal, ménagé dans la terrasse, le long de ce dernier et traversant le mur du levant, a pour but de déverser les eaux au dehors lorsqu'on nettoie la citerne.

Les pierres de la terrasse, quoique fort épaisses et cimentées avec soin, laissèrent avec le temps suinter les eaux de pluie qui, à la suite des gelées de l'hiver, effritèrent considérablement les pierres, surtout au-dessous des voûtes, où elles formèrent sur plusieurs points des cavités de 30 à 40 centimètres de profondeur. Prévoyant la ruine graduelle de la terrasse, les architectes delphinaux, chargés de l'entretien de la Tour, firent exhausser les parapets de la terrasse de plusieurs mètres et construisirent, sur le milieu de celle-ci, des arceaux en pierre qui servirent de support à une immense toiture à deux pentes qui subsiste encore. C'est sur le chenal établi sur ces arceaux et où aboutissent les deux pentes de la toiture que se réunissent maintenant les eaux de pluie.

Ce travail considérable a dû être fait tout au plus un demi-siècle après la Tour neuve, car un devis de réparations de 1434 parle déjà de la toiture de la Tour comme fortement endommagée. Quoi qu'il en soit, l'édifice tout entier gagna un étage de plus, qui est éclairé, à l'est, par une fenêtre cintrée à deux baies, et, au midi, par deux croisées à quatre ouvertures chacune, une autre fenêtre cintrée à deux ouvertures, dont la double arcature est ornée de moulures et qui est placée à la hauteur des mâchecoulis de la porte d'entrée et les dessert; enfin, une fenêtre à une ouverture, ornée de la même manière que la précédente. Le style de ces fenêtres accuse une époque moins ancienne que celle des fenêtres des étages inférieurs. Toutes, à l'exception d'une seule, avaient été murées et viennent d'être réouvertes. Leur grand nombre porterait à croire que les architectes avaient l'intention de diviser ce nouvel étage en plusieurs appartements ; mais ce travail ne paraît pas avoir été jamais exécuté.

Dans le mur du couchant sont établies des latrines extérieures, naguère murées, suspendues sur trois consoles, et une grande cheminée sans style, dont les montants seuls subsistent. Le manteau a disparu.

A l'angle nord-ouest de la terrasse se trouve la porte étroite par où l'on entre dans la pièce qui forme le second et dernier étage de la Tour vieille. C'est un cachot admirablement construit, qui ne reçoit le jour que par un ciel ouvert percé au faîte de sa belle et haute voûte ogivale. Construit dans le genre des salles de la Tour neuve, ce cachot pouvait se diviser en deux étages par un plancher reposant sur une console continue établie à la naissance de la voûte. On aperçoit au-dessus de ladite console la porte, naguère murée, par où l'on pénétrait dans le second étage. Ce plancher n'existe plus, et lorsqu'il était en place, le cachot inférieur qu'il recouvrait se trouvait privé de toute lumière. La description de l'an VII donne à celui-ci le nom de *la Volière* (et non *la Rolière*). On l'appelle aussi *le Cachot des Fers*, à cause des ceps et chaînes de fer fixés à l'un de ses murs.

CHEMIN DE RONDE ET DEUXIÈME TERRASSE.

Les murs du levant, du midi et du couchant de la Tour neuve s'élèvent plus haut que la toiture et sont terminés par de larges et puissants créneaux, derrière lesquels on circule facilement par un chemin de ronde pris dans l'épaisseur des murs. On s'y rend par un escalier en pierre, qui part de la grande terrasse que nous venons de décrire et qui est ménagé dans le mur du midi.

La petite tour en saillie de l'angle sud-ouest est aussi bordée de créneaux et recouverte d'une terrasse qui a été asphaltée par les soins du génie militaire depuis un certain nombre d'années. En 1508, on y remarquait « quelques pierres rondes et grosses pour le jet de l'ar- » tillerie. »

TROISIÈME TERRASSE.

Quelques marches d'escalier, établies à jour dans le mur du couchant, conduisent à une troisième terrasse percée par la fenêtre ou ciel ouvert du cachot de la Volière, et sur le bord de laquelle, au nord, on voit la porte qui conduit, par un étroit mais fort bel escalier pratiqué dans l'épaisseur du mur, à la partie ogivale dudit cachot. Cette porte a été ouverte après coup et se trouvait primitivement dans la cage d'escalier qui mène à la dernière terrasse de la Tour vieille, dont nous allons parler.

Lorsqu'on mura plus tard la porte intérieure, qui donnait accès à la partie ogivale du cachot de la Volière, on établit un plancher à mi-hauteur de l'escalier susdit, et on en fit *Le magasin à poudre* de la Tour (Description de l'an VII).

Quant à la terrasse elle-même, elle a été asphaltée depuis plusieurs années et était recouverte d'une toiture qu'on y avait établie postérieurement à la construction, pour empêcher l'infiltration des eaux de pluie. Cette toiture est déjà mentionnée dans un devis de réparations du 4 juin 1477. Elle formait un appartement abrité, dont le mur du midi était percé d'une porte et muni de meurtrières pour en défendre l'accès. Cet appartement n'existe plus à cette heure, et ses murs ont été rasés à hauteur d'appui. En 1508, on voyait sur la terrasse « quelques pierres grosses et rondes pour le jet de » l'artillerie. »

QUATRIÈME TERRASSE.

La portion de la Tour vieille, formant éperon à l'angle nord-ouest, comme on l'a dit plus haut, s'élève encore et renferme un escalier étroit et difficile, qui donne accès à un petit vestibule. Les murs qui bornent celui-ci du côté du nord, c'est-à-dire de la campagne, sont percés de grandes meurtrières, dont quelques-unes ont été agrandies à leur centre depuis l'usage du canon, et de coulisses destinées à recevoir les poutres des hours (1), dont était pourvue cette partie de la Tour. Le petit vestibule est recouvert d'une quatrième terrasse, asphaltée à cette heure, à laquelle on donne le nom de *Manteau* dans les vieux documents et où l'on monte par un nouvel escalier de quelques marches partant du vestibule précité. Ses parapets étaient autrefois crénelés.

Enfin, sur cette quatrième et dernière terrasse s'élevait autrefois une *Visette* ou tour d'observation, qui paraît avoir été assez grande, comme le prouve l'extrait suivant du devis de réparations du 14 septembre 1478 : « Plus, faut faire, au plus haut de ladite Tour de Crest, » un couvert à la cime de la petite visette d'icelle Tour, » auquel couvert faut une douzaine de pannes de sapin » qui soient chacune de quatre toises de long et de

---

(1) Ouvrage en bois, dressé au sommet des courtines ou des tours, destiné à recevoir des défenseurs, surplombant le pied de la maçonnerie et donnant un flanquement plus étendu, une saillie très favorable à la défense (Viollet-Le-Duc, *Dict. raisonné de l'architect. du XI° au XVI° siècle*, t. VI, p. 123).

» demi-pied, égales en carrure ; trois grosses pièces de
» sapin d'un pan de canne en carrure et du long qu'il
» est nécessaire ; faut six douzaines de potz (planches),
» huit livres de croches de fer et cinq cents de cla-
» veaux (clous), et un millier de tuiles. Plus, y faut
» quatre gargouilles de plomb pour jeter l'eau en de-
» hors, pesant un quintal ou environ. » Cette toiture
de la visettè était couronnée de parapets avec meurtrières, du moins du côté de la campagne, suivant un
devis de réparations de 1481.

De la dernière terrasse, on se rend à découvert sur
le faîte du grand mur du nord de la Tour vieille, qui
s'élève isolé jusqu'à cette hauteur, et à l'extrémité duquel a été planté un drapeau tricolore en fer, qui forme
girouette. Autrefois, ce n'était pas sans péril qu'on pouvait s'avancer sur ce mur, car on a à sa gauche, au
nord, un précipice de 52 mètres, et à sa gauche, au
midi, un autre de 10 ; mais, depuis un certain nombre
d'années, ce mur a été bordé, du côté du nord, d'une
solide balustrade en fer.

Dans cette partie supérieure et isolée du mur du
nord sont percées trois grandes meurtrières qui donnent sur la campagne et desservies par un chemin de
ronde pris dans l'épaisseur du mur, mais rendu plus
large par une suite de consoles recouvertes de larges
dalles de pierres. Quelques-unes seulement des unes
et des autres sont en place. Les autres ont été arra-
chées pour construire, croyons-nous, la maison du gardien de la Tour, à l'époque où celle-ci fut convertie en
prison. Cette maison, informe et sans style, vient d'être
rasée à juste titre.

On se rendait au chemin de ronde par une petite
porte ouverte au midi, dans le dernier vestibule dont
nous avons parlé, et par un petit pont en bois, mainte-

nant détruit, reposant à la fois sur le seuil de la porte et sur la première console. Tout le long de ce chemin de ronde et à son niveau sont pratiquées des coulisses destinées à recevoir des poutres, sur lesquelles reposait ou bien une toiture en planches pour protéger les arbalétriers, ou bien des hours pour repousser les ennemis qui se seraient emparés de la Tour vieille et auraient pu monter jusqu'à ses premiers créneaux.

On rétablit en ce moment le chemin de ronde avec ses nombreuses consoles et ses dalles : ce qui donnera à cette partie du grand mur du nord un cachet des plus remarquables.

*
* *

Le lecteur qui a pris la peine de lire jusqu'ici notre description de la Tour a pu juger de l'importance des réparations dont elle a été l'objet et qui lui ont rendu une grande partie de son caractère primitif. Il sera heureux, maintenant, de se joindre à nous, comme à tous les habitants de Crest, qui ont le culte du lieu natal et de ses vieux souvenirs, pour demander à M. Chabrières, leur aimable et distingué compatriote, dont le goût éclairé a seul inspiré la restauration historique de notre donjon, de poursuivre ses travaux jusqu'à leur entier achèvement.

108